普 天 之 下 · 盡 是 好 書

普天出版家族
Popular Press Family

凌雲文創
A-Plus Creative Company

改變態度才能改變自己的前途

YOUR LIFE WILL BE MORE EXCITING

黎亦薰 編著

態度
是改變人生高度的
關鍵因素

莎士比亞曾經說：

「假使我們將自己比做泥土，那就真要成為別人踐踏的東西。」

確實如此，態度會決定一個人的人生高度，贏家與輸家最大的差異就在於用什麼態度面對人生。

一個人最終能否有所成就，是否過得快樂幸福，其實就看遇到種種失意挫敗之時，

願不願意改變那些錯誤的負面心態。如果你一味地把自己視為泥土，當然就註定一輩子要被別人踩在腳下。

適時改變面對事物的態度，放下內心那些偏頗、怨艾、自以為是，才會提昇自己的人生高度。

【出版序】

態度是改變人生高度的關鍵因素

‧黎亦薰

面對失敗，要以變通的思維去規劃自己的未來，只要心中的信心未減，好好地實踐自己的致勝概念，機會絕對會俯拾可得。

莎士比亞曾經這麼說過：「假使我們將自己比做泥土，那就真要成為別人踐踏的東西。」

確實如此，態度會決定一個人的人生高度，贏家與輸家最大的差異就在於用什麼態度面對人生。一個人最終能否有所成就，是否過得快樂幸福，其實就看遇到種種失意挫敗之時，願不願意改變那些錯誤的負面心態。如果你一味地把自己視爲泥土，當然就註定一輩子要被別人踩在腳下。

適時改變面對事物的態度，放下內心那些偏頗、怨艾、自以爲是，才會提

昇自己的人生高度。

伯尼在二十多年的職業生涯中，可說費盡了千辛萬苦，才坐到經理人的位置上，其中的艱苦實在很難爲外人明白。

這天，四十九歲的伯尼像往常一樣，拎著公事包去公司上班，途中他想著：「再做個十一年，我就可以安安穩穩地拿到退休金了。」

可是，他萬萬沒有想到，「今天」竟然是他在公司工作的最後一天。

「你被解僱了！」人事部經理對他說。

「爲什麼？我犯了什麼錯？」他驚訝地質問道。

經理無奈地回答說：「你沒有犯錯，只是公司最近營運不順，董事會決定裁員，如此而已。」

是的，理由就是這麼簡單，然而簡單的理由，卻讓熬了大半輩子的伯尼，一瞬間從受人尊敬的公司經理，變成了一名流浪街頭的失業者。

失落的日子，讓他過得很辛苦，爲了化解內心的痛苦、迷惘和精神壓力，他天天都會來到一間咖啡店呆坐，且一坐總是好幾個小時。

直到有一天，他遇到了一位同病相憐的老朋友亞瑟。兩個同樣遭到解僱的可憐人，雖然苦況相同，然而正因爲兩個人可以互相取暖、安慰，反而讓他們得到了尋求解決的動力與辦法。

「我們何不自己創辦一間公司呢？」

當伯尼忽然開口說出這句話時，也同時點燃了亞瑟的生活動力，特別是存在兩個人心中，未曾消失的激情與夢想，再次地被喚起。

於是，兩個人就在這間小小的咖啡店裡，策劃建立新的家居倉儲公司，他們多元運用自己累積出來的經驗與人脈，爲事業制定了一份發展規劃，和一個「擁有最低價格、最優選擇、最好服務」的致勝概念，並建立一套能成功實踐的管理制度，準備「展翅高飛」。

這就是美國家居倉儲公司，他們以二十年的時間，發展成爲擁有七百七十五家分店、十六萬名員工，與年銷售額三百億美元的全球化企業，爲全球零售

業發展史上締造了一個新奇蹟。

然而，許多人都不知道，這個奇蹟之所以會誕生，乃肇始於二十年前的一句話：「你被解僱了！」

拿破崙曾經說過：「逆境這兩個字，只不過是那些沒有勇氣改變現狀的人，製造出來的護身符。」

的確，只要擁有改變現狀的決心和勇氣，那些所謂的「逆境」，其實只是進入順境的轉折點。

懦夫把困難當做沉重的包袱，勇者卻把困難當做向前跳躍的墊腳石，正是這兩種不同態度造成有人身陷泥沼，有人步上康莊大道。

各種領域裡轉敗爲勝的例子，在在證明了，只要我們能夠在劣勢中改變原本的應對態度，找出克服困境的有效方法，我們就能夠逆轉對自己原本不利的形勢，獲得傲人的成功。

看著伯尼從失業的頹喪情緒，到決心重振旗鼓的高昂志氣，我們確實也看見了一個不變的道理：「機會始終都在我們的手裡，只要我們不放棄自己，隨時都能看見轉機。」

正在失業中的人，看見了這則案例，是否也得到了激勵與啓發？其實，沒有人能一帆風順，也沒有人不會遇到困難，但是只要青山仍在，我們就無須擔心找不到木柴燃燒。

面對失敗，要以變通的思維去規劃自己的未來，只要心中的信心未滅，好好地實踐自己的致勝概念，機會也絕對會讓我們俯拾可得。

[PART1] 改變方法，才能掌握圓夢的方法

不要讓夢想淪為空想，只有改變方法，才能掌握最正確的圓夢方法。把自己的夢明確地描繪出來，你才有機會在有生之年完成。

【PART 2】看法會決定你的做法

激勵大師皮爾博士在《人生的光明面》裡說：「逆境會使人變得更加偉大，也會使人變得十分渺小，它從來不會讓人保持原來模樣。」

[PART 3]

好運氣，來自積極的念力

好運氣是積極念力造就的成果。無論眼前的際遇如何，只要心裡懷抱著希望，就能夠讓我們吸引更多運氣。

【PART 4】不甘於平凡，就有可能不平凡

人生在世總有道不完的苦處，只有不怕吃苦的人才有苦盡甘來的時候。態度決定你的人生高度，只要下定決心改變，機會就會出現。

【PART 5】改變態度，才會過得幸福

每個人都有自己的行為模式，在愛情裡的空間，能夠相互體諒、相互配合，才是莫大的福氣。

PART 6

何必用恨意折磨自己？

鎮日委屈自己，任由放不開的情愫折磨，其實只是自尋苦惱，除非你愛上那樣的滋味，否則何不放手讓彼此自由？

1.

改變方法，才能掌握圓夢的方法

不要讓夢想淪為空想，只有改變方法，

才能掌握最正確的圓夢方法。

把自己的夢明確地描繪出來，

你才有機會在有生之年完成。

勇敢選擇自己想過的生活

一輩子為別人而活的人生，真的是我們想要的嗎？勇敢地活出自己，也許才是我們生命中最重要的選擇。

人生要過得快樂，就一定要追求自己認定最有意義有意義的生活，唯有內心世界感到充實，人才會充滿喜樂。

如果一個人被迫去做他不樂意的事，那無疑是一種懲罰；如果一個人被迫不能進行他喜愛的活動，那無疑也是一種懲罰。

能夠勇敢面對自己眞心的人，或許會被人認爲是傻子；但是，對他們而言，不選擇自己眞正想要的生活，才是眞正的瘋子。

亞歷山大．布洛克的祖父是一名音樂教授，在史普林希爾學院執教四十年，雖然工作期間十分受到學校師生的敬重與喜愛，但是薪資卻很難維持一大家人的生活開銷，如果不是亞歷山大的祖母懂得持家理財，布洛克一家非得挨餓不可。所以，在布洛克家裡，只要一提起音樂，所有的人就會立刻想起那段苦哈哈的日子。

這也使得，亞歷山大念大學的時候，他的父母堅持要他念商學院，不准他進音樂學院攻讀小提琴。後來，家裡的經濟狀況變差，亞歷山大不得不休學工作，以維持家計。

事實上，亞歷山大並不認為經商不好，只是他志不在此，不願意投入這個領域，因為對他來說，從事商業工作唯一的價值就是換得金錢，除了錢，每天的工作只是在努力忍受而已。

他開始覺得自己正在浪費生命，可是，他也清楚家裡的環境尚不足以容許

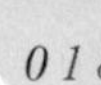

他任性，所以，他對自己的期許就是努力賺得更多的錢，等存夠了錢，就要到歐洲去學音樂。

於是，他開始每天提早兩個小時早起，先到頂樓練習小提琴，然後再走路去公司上班，在路上囫圇吞下母親爲他準備的早餐，中午則只去附近便宜的餐館草草用餐，有靈感的話就把自己創作的曲子記錄下來。至於晚上，則絕不和同事去應酬，也不參加任何聚會。

終於，亞歷山大存足了錢，家裡的經濟狀況也日漸好轉。於是，他毅然決然地辭去自己的工作，就像一隻放飛的鳥，也像剛出獄的囚犯，興高采烈地搭上前往歐洲的輪船。

在歐洲學習音樂的生活並不輕鬆，亞歷山大的日子過得刻苦，卻活得自在快樂，因爲他可以鎭日沉浸在最喜歡的小提琴和音樂裡。縱然他沒有金錢，也沒有富裕的生活，但是，他選擇了金錢交換不來的精神滿足。

或許有些人認爲他瘋了，但是亞歷山大卻以爲，如果不能擁有現在的生活自得和心中的理想，那才是不折不扣的瘋狂。

社會對於成就，自有一番定論，什麼樣的人算是成功人士，擁有什麼樣的成就才算是眞正的成功，從一般大衆的認知裡不難找到答案。但是，我們是否問過自己，眞的認同這些標準嗎？

矛盾的是，不少人發現自己的答案和所謂社會價值不同的時候，往往會隱藏自己眞正的意向，選擇依附大衆的標準。然而，做出這樣抉擇，我們眞的會快樂嗎？做一個僞裝自我的人，眞的能夠笑得開懷嗎？

究竟是爲別人而活，還是爲自己而活，會讓我們感到眞正快樂？或許你我心裡都各自有答案。如果，我們不得不暫時爲別人而活，那麼，是否也該爲自己設下一個底或期限？這意謂著我們仍舊在乎自己，意謂著我們依然追尋著內心深處最熱切的渴望，如此，我們便能安心地繼續過完眼前的生活。

一輩子爲別人而活的人生，眞的是我們想要的嗎？勇敢地活出自己，也許才是我們生命中最重要的選擇。

態度，決定人生的高度

只要我們能給自己多一點耐力和毅力，辛苦地爬完了上坡路段之後，接下來自然能輕鬆自在地往成功的終點走去。

俄國文豪契訶夫曾經說過：「人的眼睛，在失敗的時候，方才睜了開來，看見成功的曙光。」

這句話告訴我們，成功經常會成爲下一次失敗的原因，當然，任何失敗也都可能因爲智慧和努力，而成爲下次成功的開始。

生活上一定會遇見困難，那是因爲每一個困難都是成功的助力，你是否也能如此看待，決定權就在你手中。

改變態度，就會改變人生的高度！紮實地累積自己的實力吧！不論我們會遇到多少風雨，我們都一定能親手將雲霧撥開，讓希望的陽光再展笑容。

二十歲時，史東來到芝加哥，準備經營一家保險經紀公司，當聯合保險經紀公司註冊完畢之後，他立即聘僱近一千名的員工。

史東讓他們接受約一週的訓練，便分別將他們派往各州，並授予行銷經理的頭銜，他還將地方經營權，全都交由這些行銷經理掌管，由他們親自領導新進的行銷員，培訓自己所需要的助理人才。至於芝加哥總部，也留下了幾名助理，協助史東管理來自各分店的訊息與業務。

以為一切都在掌控之中的史東，卻沒料到接下來竟遇上了美國經濟大恐慌，原本積極前進的事業，一夕之間跌到了谷底，因為大家都沒有錢買保險，連最基本的意外險與健康險都保不起。

面對這突如其來的意外狀況，史東的事業面臨了極大的生存危機。

決心不放棄的他，努力地想出了激勵自己的座右銘：「只要你願意用樂觀與決心面對這一切，那麼你一定能重新再站起來！」

不一會兒，他又寫下了另外一句：「銷售是否能成功，決定權在於推銷員，不是在於顧客。」

爲了不讓自己的座右銘變成空洞無用的口號，他決定走出辦公室，親自到紐約市區推銷。一個月後，史東將成績帶回總公司與其他人分享，所有員工無不佩服他的能力。在這麼蕭條的時期，他竟然能讓每天的成交量，達到鼎盛時期的成績。

原來，在二〇年代初期，保險業剛剛開始進入民衆的生活中，市場自然十分龐大，他推銷得十分順利，所以在推銷員的工作心態上，史東並沒有特別注意，也沒發現新的行銷技巧，直到危機出現時。

從那一刻開始，他才發現，原來態度才是行銷人員的首要，特別是在他親自上場後，更能體會出問題所在。

從此，史東開始進行他的行銷講座時，第一課都是向業務人員詳細說明如

何培養積極的工作態度，並找出最適當的行銷手法！

史東以將近二年的時間到各分部演講，並親自陪同業務人員去推銷，也一再證明一點：「決定權就在我們的手中，不在顧客們的身上！」

在美國經濟的低點，史東積極突破困難與瓶頸，當美國經濟復甦時，他的事業同時也站上了高峰。

作家布朗寧曾經寫道：「一時的成就，通常以多年失敗為代價。」

的確，想要不經過艱難曲折和挫折失敗，就能功成名就的想法，往往只是癡人作夢的幻想。

你還是習慣等待別人的回應，然後才進行下一個步驟嗎？

「決定權就在你手中！」這是史東突破困難後的成功心得，更是每個人在面臨困難時，應當建立起來的正確態度。

面對未來生活上各種困境，我們都要給自己這樣堅定的信念，人生道路原

本就會有崎嶇之處，當然也一定會有平坦筆直的路段，只要我們能給自己多一點耐力和毅力，辛苦地爬完了上坡路段之後，接下來自然能輕鬆自在地往成功的終點走去。

我們可以試著想像一下，當困難被我們視爲阻力時，慢慢地心中也開始感受到了恐懼，反之，當我們將困難視爲難得的挑戰時，很快地我們渾身便充滿了積極的戰鬥力。

將這兩種感受仔細比較之後，聰明的你應該知道要怎麼選擇了吧！

珍惜一切，生命就不再殘缺

即使失去一樣感覺，依舊可以獲得和別人一樣多的幸福。我們又如何能夠不善用已擁有的一切，為自己贏得更多的幸福呢？

有一部電視劇，劇中的女主角罹患了一種少見的疾病，全身的肌肉會漸漸失去控制力，最後無法行走、無法說話，甚至無法呑嚥、無法消化。當醫生宣布她罹患了這種病之後，無疑就爲她宣告了死期。

然而，這個女孩還是依靠著樂觀的生活態度，走過短暫的一生，她留下的日記，鼓舞了許多人的心。

大部分的人都擁有一副健康的身體，可以自由自在地活動，可以自由決定要如何生活。但是，也有一些人，在出生的那刻，或是小的時候，身上的某種能力就被剝奪，先天的殘缺致使他們必須以較少的生命籌碼面對生活。

然而，他們並不因爲籌碼短少就自暴自棄，他們比正常人更清楚：只要珍惜自己擁有的一切，生命就不再殘缺。

喬治．坎貝爾出生的時候就因爲罹患先天性白內障而雙目失明，當時的醫療技術，對於這種先天性的疾病還沒有治療的方法。不過，看不見東西的喬治在雙親無微不至的照顧下，生活並沒有任何難題，反而特別幸福，因爲他從不知道自己失去的是什麼。

喬治六歲的時候，有一天和媽媽一起到公園散步，一個小朋友跑過來丟球給他，想和他一起玩球，結果喬治的母親還來不及阻止、說明，那顆球已經敲上他的額頭。

喬治說：「媽媽，有東西打我的頭。」

雖然喬治沒有受傷，但是，他的母親知道必須把一切眞相對他說明。

於是，她溫柔地抓住喬治的手說：「喬治，你坐下，媽媽跟你說，你的眼睛看不見。」

喬治當然不明白什麼是看不見，因爲他從來沒有「看見」過。

他的母親繼續抓著他的手，扳開一根又一根手指說道：「一、二、三、四、五，每個人都有五種感覺；你有聽覺，所以聽得見媽媽說話；你有嗅覺，所以聞得到好香的蘋果派；你有味覺，所以吃得出蘋果派甜甜的味道；你有觸覺，所以摸得到媽咪和爹地，也摸得到拿得到東西。」喬治的母親一邊扳著他的手指一邊解釋。

「可是，親愛的，你沒有視覺，所以你看不見媽咪，也看不到其他東西。這是你和其他孩子不一樣的地方。」喬治的母親繼續說著，「然而，寶貝，你要明白，雖然你沒有視覺，但是只要你好好運用其他四種感覺，你就可以和大家一樣生活。」

喬治的母親把一個球放到喬治手中，讓他分別用不同的四個指頭握球，喬

治合攏了手指便抓住了球。

「對，你抓到了。即使只用四根手指，你還是能抓球，喬治，不要忘了，只要你好好地運用其他四種感覺，你就能夠抓住你的幸福。」

這一句座右銘，讓喬治充滿陽光地度過生命的歲月，他雖然失去視覺，但人生卻沒有因此黑暗。

我們經常會爲自己缺乏的事物感到沮喪，有時候甚至沮喪到忘記自己究竟擁有了哪些。

人在獲得的時候，會感到滿足與快樂，但隨著滿足與快樂的時刻過後，相同的獲得可能就不再達到相同的效果。相反的，人面對失去的時候，感受到的沮喪和難受，卻會隨著每一次的失去一再加重。比起擁有，我們對於缺失的容忍度相對少很多。

就好像故事裡的喬治，還不明白自己缺少視覺之前，不曾因爲看不見這件

事感到難過，一旦明白了這一生都看不見別人能看見的事物時，遺憾和沮喪必然會充斥他的內心。然而，喬治的母親帶給他一個法寶，讓他知道，即使失去一樣感覺，依舊可以獲得和別人一樣多的幸福。這個法寶，幫助他度過生命中的許多難關。

珍惜一切，生命就不再殘缺。我們擁有的可能比喬治還多更多，又如何能夠不善用已擁有的一切，爲自己贏得更多的幸福呢？

認識自己，投入自己熱愛的領域

改變態度，才能改變你的人生高度。靜下心來探討自己不如意的原因，真切地去體認自己的特質，才能找到那一條讓自己發光發熱的道路。

很多人不喜歡批評家，認爲這種人就是喜歡找碴，只會胡亂批評，開口沒有半句好話。

可是，換個角度想，批批何嘗不是一種鞭策的力量？

不少優秀的批評者，其實極度深愛他們批評的領域，往往帶著某種程度的深情來看待被批評的對象。如果願意用正面的態度面對，就不難發現，每一句批評的言語，背後都是許多的希望和渴盼。

小羅伯特．派克是個品酒家，年僅三十九歲就在製酒界具有舉足輕重的地位。他原本是一名律師，壓根沒想過自己會從事和酒相關的職業。他和酒結緣是因爲二十歲的時候，經常去史特拉堡探望在那裡就讀大學的未婚妻。那時他最愛喝的飲料是可樂，不過在史特拉堡大學附近想喝一杯飲料，得花上一美元，於是，他們只好改喝比較便宜的葡萄酒當作佐餐飲料。

後來，派克一頭栽進葡萄酒的世界，開始認識各種不同的酒種、發酵方式等等，不但努力查閱各種資料，而且還親自到各個酒莊參觀，品嚐各種葡萄酒的風味，漸漸地累積了各種知識和鑑賞的品味。

接著，他開始發表一些酒類通訊的報導，把品嘗各種酒類的評價記錄分享給讀者。這份報導《暢飲者》在三十七個國家裡擁有一萬七千三百多名訂戶，而且訂戶的數量每個星期都在增加。至於派克所寫的第一本酒類評論書《波爾多》也在美國狂銷近七十萬冊，還在法國和英國出版上市。

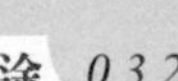

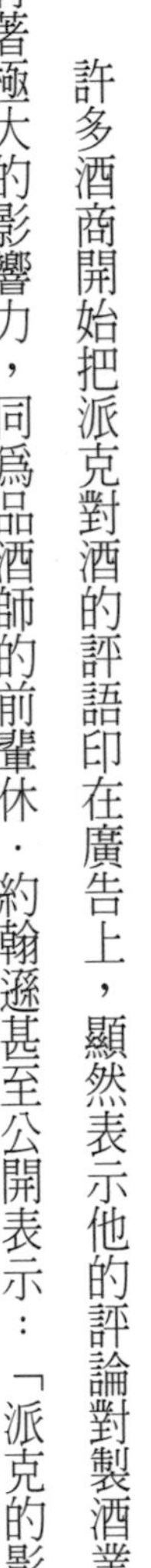

許多酒商開始把派克對酒的評語印在廣告上，顯然表示他的評論對製酒業有著極大的影響力，同為品酒師的前輩休．約翰遜甚至公開表示：「派克的影響比我還大。」

派克離開了律師工作，開始全心投入品酒事業，把絕大部份的時間和金錢都花費在品酒上，這樣的投入產生相當驚人的成果，他對酒的品評甚至足以影響市場的變化。

一名紐約的酒商米歇爾．艾隆就強調，不只酒類零售商受派克的評論影響，他的建議甚至能夠使釀酒商做出抬高價格或是提前下架的行動。不少釀酒商為了從派克口中得到良好的評價，更費盡心力釀造出最好的葡萄酒。

得到這樣的聲望，派克並沒有得意忘形，總是謙遜地說：「我並不想成為毀掉人們飲酒樂趣的主宰者，我只是慎重地在從事這份工作，而且我要做上一輩子。」派克甚至聲稱，他將永遠不會對品酒感到厭倦。

這是一名品酒師對自己的志業懷抱的理想，顯然，當一個人將全部的身心靈都投注在某一個向度上，就能夠產生一股任誰都無法漠視的力量。

有些人總是抱怨自己的成就不如人，沒有錢，沒有地位，沒有成就。可是，我們回過頭來想想，有多少人是天生就擁有錢、地位和成就？那些天生擁有的人，又有多少眞正因此發光發熱？

不可諱言的，有些人老天爺賞飯吃，讓他們很早就能嶄露頭角，平步青雲，從某個角度看來得天獨厚，但是，假使這些人未曾徹底發揮自己先天的才幹，試問又如何受人矚目？

有「籃球之神」之稱的麥克．喬登，有一陣子想要轉換跑道打棒球，或許他的人生資源足以供應他投入任何一個想要投入的領域，但是棒球場上的喬登和籃球場上的喬登，卻不可能會有相同的光彩。

不要老是抱怨和嫉妒，唯有改變態度，才能改變你的人生高度。靜下心來探討自己不如意的原因，眞切地去體認自己的特質，捫心自問自己的喜好，你才能找到那一條讓自己發光發熱的道路。

選擇自己的人生路，而後快意奔馳

能夠在自己選擇的道路上快意奔馳，腳踏實地參與自己的生活，體會生活中的快樂與痛苦，這樣的人生才不會平淡無味。

不是每個人生來都能一路過著風平浪靜的生活，我們總會在人生的旅途上遭逢一些困難與障礙。有時我們想振翅高飛，卻突逢狂風驟雨；有時我們打算快步疾行，卻被地上的淺坑絆倒；生命中總有許許多多的歷練提醒我們，人生其實並不容易。

可是，我們是否就該放棄這不容易的人生呢？如果，人生一路都風平浪靜，只有一望無盡的藍色海洋，會不會減少了幾分刺激與樂趣？

歷經過險濤的衝擊，不只平安度過難關的情緒讓人心安，那份經歷過冒險的體會，往往會讓人縈繞著熱血沸騰的感覺。

威廉．吉爾蘭德的父親結束了近三十年的郵差生涯。

在這之前的日子裡，每個禮拜有六天的時間，他必須跋涉喬治亞州東北方的山區，挨家挨戶地送信。

在偏遠的山區裡送信，辛苦可想而知，有些地方連車子都過不去，只能靠雙腳行走，有些地方得走上好幾公里才能把信件送到。但是，威廉的父親並不曾爲自己的工作抱怨，即使到了退休的年齡，終於離開工作崗位，不再需要每日長途跋涉，他仍然經常回想起那些在山區裡送信的日子。

經常有人對威廉的父親說：「辛苦了一輩子，現在退休了，終於可以好好放鬆自己享享清福。」認爲他現在既有安穩的家庭，又有豐厚的退休金，應該好好地享受生活。

可是，威廉的父親卻不以爲然，總是回答：「這幾十年來，我可是每一天都在享受生活呢。」

威廉的父親回憶起過往，認爲自己一生中最快樂的日子，不是終於得以退休的時刻，也不是在終於賺到他們家第一棟房子的時候，反倒是他們全家一起窩在一個小套房裡，而他每天拚了命工作的時候。他覺得，自己當時渾身充滿了活力，每天頂多睡四個小時，卻從來不覺得累。在那個年代，家裡的經濟並不寬裕，可是每當全家人累積了一筆小小的財富，一起歡樂慶祝，那時的快樂，在現回想起來，是分外令人感到愉快的記憶。

現在，威廉的父親每天過著清閒的退休生活，反倒一點也不想輕鬆享受，而是想辦法要多找些事情來做。

他總是說：「現在我一醒來就想著，我要如何努力追求新的事物，因爲每過一天，我可以學習和探索的機會就又少了一點。」

一個人在生活中，能夠一貫保持著徐徐前行的態度，那樣的人生，應當是時時刻刻充滿著希望和樂趣的吧？

如果可以走平坦的康莊大道，大概沒有人喜歡顛簸或崎嶇不平的道路。但是，人生路不是尋常的道路，如果生命中沒有任何一點起伏，又有什麼意思呢？假使事事都順心如意，人眞的會感到滿足嗎？一個充滿挑戰的人生，恐怕才會讓人更加意氣風發。

或許，人生眞正的意義並不在於馬到功成的一刻，而是在策馬奔馳的過程。能夠在自己選擇的道路上快意奔馳，腳踏實地參與自己的生活，體會生活中的快樂與痛苦，這樣的人生才不會平淡無味。

改變方法，才能掌握圓夢的方法

不要讓夢想淪為空想，只有改變方法，才能掌握最正確的圓夢方法。把自己的夢明確地描繪出來，你才有機會在有生之年完成。

學生時代，常常遇到「我的志願」、「我的夢想」和「我最想做的一件事」……之類的作文題目。上作文課的時候，有人寫來洋洋灑灑，有人爲了擠出一篇文章而絞盡腦汁，大家都認眞地寫出自己的心聲，只是，多年以後，你還記得多少當年的理想？

我們都對自己有不少的期許，不管做得到、做不到，每個人心裡總有些自己眞正想做的事。有人盼望有生之年一定要到自己嚮往的國度旅遊，有人期望

自己能夠在三十歲之前賺到第一個一百萬，有人想買一棟自己的房子，有人希望和心愛的人共度一生……。夢想，一直在每個人的心裡圍繞，只是有些夢能夠實現，有些卻永遠只是夢境，爲什麼？

有個作家列出一張單子，記錄著自己死前想做的九十九件事。這個做法引起了許多迴響與效法。

溫迪．威廉姆斯也有自己的一張清單，記錄著死前想做的五十件事。他之所以列出這張自己的清單，是受到朋友的影響。

當時他和朋友逛街，結果這個從來沒拿過畫筆的朋友，竟走進一家美術用品店，買下一整套畫具。溫迪很好奇朋友的舉動，朋友表示自己最近報名了水彩繪畫班，這幾天就得開始上課，所以需要畫具。

經過溫迪一再追問，朋友才語帶保留地說他決心開始實行清單上的計劃。溫迪問：「什麼樣的清單？可以借我看看嗎？」

朋友說：「那是我決定死前一定要做到的五十件事，不太方便借你看，不過，你可以試著列張清單，然後你就會明白了。本來，我覺得人生蠻無聊的，每天辛苦工作卻不知道是爲了什麼，不過，現在我決定把我的生命拿來完成那張清單。」

溫迪對朋友的決心感到好奇。其實，他對生活感到乏味已不是一日兩日的事了，儘管心中仍有夢想，有許多事想做，但總找不到時間來做。他照著朋友的建議開始條列自己的清單，剛開始列了幾項看起來不是挺容易達成的目標，比如四十五歲退休、全家到國外旅行十次……等等，但是這些遙不可及的夢想，填來填去也不過一、二十項。

接下來，溫迪開始回憶自己年少時的夢想，發現有些事情其實放在心裡很久了，像是學開怪手、栽培出某個品種的玫瑰、在學校教書……等等。這些事，認眞想起來，似乎不是完全不可能達成。不管是在教會當義工或是攻讀研究所，都是只要下定決心就可能達成的。

洋洋灑灑列出了近五十件想要做的事情清單，突然溫迪對自己有了更多了

解。因為，那些事情如果真的都想在有生之年做到，那麼有些事勢必得從現在起開始著手不可，他根本沒有時間自怨自嘆。

溫迪完成自己的清單，而且決心逐步完成清單上的任務之後，生活確實有了改變。現在，他每天下班回家都有事可做，而不是呆坐在電視機前面一遍又一遍狂按選台器。生活雖然變得忙碌，但是因為忙的都是自己想做的事情，相對得快樂似乎也多了不少。

不同的態度，造成不同的人生高度，也讓人走向不同的人生道路。眼前會發生什麼事情，或許不是我們可以左右的，但是，我們絕對可以藉由改變自己的態度，讓自己心想事成。

想去的地方，只要制定計劃，去得成的可能性相對會提高許多。

有了奮鬥目標，為了要邁向成功，再多的難關，咬著牙也會撐過去，再多的難處也可以忍耐。

同樣的，有了努力的方向，成功的機率也勢必高出許多。

當夢想被具體化爲實際目標後，才可能規劃出明確的實行步驟，也才可能有夢想成眞的機會。

不管你的夢想是什麼，都要試著把夢想當成目標書寫下來，提醒自己還有什麼事要做，還有什麼地方必須努力，夢想才不會一直漂浮在雲端。

不要讓夢想淪爲空想，只有改變方法，才能掌握最正確的圓夢方法。把自己的夢明確地描繪出來，你才有機會在有生之年完成。

讓自己的夢想一點一點實現

相信自己的選擇，也為自己的選擇努力，那麼，美夢結成的果實，就會受到汗水和淚水的浸潤而變得更加甘美。

夢想如果永遠只停留在空想的階段，那麼就只會是白日夢而已。但是，如果我們有勇氣，願意給自己更多機會，或許夢想就會帶給我們截然不同的感受和快樂。

英國作家彌爾頓曾在他的名著《失樂園》這麼提醒我們：「快警醒，快起來，否則將永遠沉淪了。」

一個不能當機立斷主宰自己生活的人，永遠也無法實踐自己的人生夢想，只會逐漸淪為生活的奴隸，整天坐著唉聲歎氣。

安妮．弗恩斯是個喜歡做夢的女孩，即使已經是三個孩子的媽，還是會在刷鍋洗碗的時候，想像自己正在參加最佳電影女主角的頒獎典禮。搭火車的時候，她也會想像自己正坐在南太平洋斐濟群島的度假飯店陽台上，一邊喝著雞尾酒，一邊創作最新的一本暢銷書。

白日夢雖然縹緲迷濛，卻能讓人自得其樂。她可以暫時忘記自己有個家要照顧，有三個頑皮小鬼得設想，可以自在地在想像之中獲得樂趣。

有時候，上天會不經意地給人一份禮物，幫助人夢想成眞。

安妮正好遇上一次這樣的機會，意外地獲得一筆遺產餽贈，這意味著她有機會讓自己的某個美夢成眞。

幾經考慮，安妮決定開一家舊書店。

之所以會想開書店，是因為安妮一直對閱讀有著濃厚的興趣，而且從中學

時期起就夢想有一天要擁有一家自己的書店。

下定決心付諸行動之後，事情似乎沒有想像中困難。安妮找到一個地點不錯的小店面，而後一連串的工作讓她忙得不亦樂乎，買書辦書、釘架子、畫海報，總算讓她的小舊書店看起來有模有樣。

書店開張的那天，親朋好友都前來道賀，但坦白說，沒有一個人相信安妮的書店可以長久經營下去，或是有什麼樣的盈利。然而，安妮決定給自己的夢想多一點時間和機會。

幾年下來，安妮的書店雖然沒有成長成更大的規模，倒也沒有悽慘到必須關門大吉。最重要的是，經由這家店，安妮認識了許許多多愛書人，也結交了不少和她同樣喜愛舊書的朋友。

每當安妮看見有客人在她的店裡找到尋覓已久或是愛不釋手的書，那種表情就是心中極大的安慰。

安妮把資產投資在自己的夢想裡，儘管這個夢想並沒有爲她帶來豐厚的經濟收益，但是她從來不曾爲自己的行動感到後悔。因爲，在這家小小的舊書店

裡，她得到遠超過金錢所能帶來的快樂。

有時候，我們總以爲夢想距離我們很遙遠，我們總以爲實現夢想是一件極度困難的事，甚至以爲容易實現的便不能稱之爲夢想。那是因爲，我們替夢想設定了過高的門檻。

美夢成眞是件令人興奮的事，更是一件値得肯定的事。

相信自己的選擇，也爲自己的選擇努力，那麼，美夢結成的果實，就會受到汗水和淚水的浸潤而變得更加甘美。

我們不用設定遙不可及的夢想，盡可能讓自己的夢想可以一點一點實現。如此一來，只要踏出第一步，我們和夢想的距離就能縮短一步。

感謝支持你的人，支持你所愛的人

在我們的背後，都有深愛我們的人為我們加油；相對的，該我們為他們加油的時候，可千萬別吝嗇、推託。

實現夢想的道路上，阻礙是在所難免的，麻煩的是有些阻礙來自於我們周邊的人，更麻煩的是，這些阻礙我們的人可能對我們非常重要。

遇到這種狀況，我們該怎麼辦？是該放棄，順從重要的人？還是努力說服對方，把阻力轉爲助力？

一直參與劇團練習的雪莉，在公演前兩個星期突然表示她必須放棄演出，在場的同仁都感到很訝異。因爲，雪莉婉拒演出的原因並不是她生病或家裡發生什麼嚴重的事，而是她的男友大衛認爲她參加劇團演出占了太多時間。大衛的意思很明確，雪莉該做身爲一名足球隊員的女友該做的事：在他練球結束之後，送上毛巾、三明治。

導演尤金對於雪莉的狀況感到很頭痛，距離公演只剩兩個禮拜，而且雪莉一直把她扮演的角色詮釋得很好，一時之間叫他到哪裡去找人替代？

於是他決定對雪莉說實話：「雪莉，快要公演了，那個角色妳演得眞得很好，我沒辦法找到可以取代妳的人。」

雪莉聽了，眼睛發亮地說：「眞的嗎？」可是她一想起大衛，眼睛裡的光彩就又黯淡了下來，「可是，尤金，我還是得退出公演。」

尤金苦口婆心地說：「雪莉，聽我說，每個人都應該做自己擅長的事，妳是個好演員，應該要演戲。我想，大衛一定也能明白這點，他自己不是也很愛踢足球嗎？」

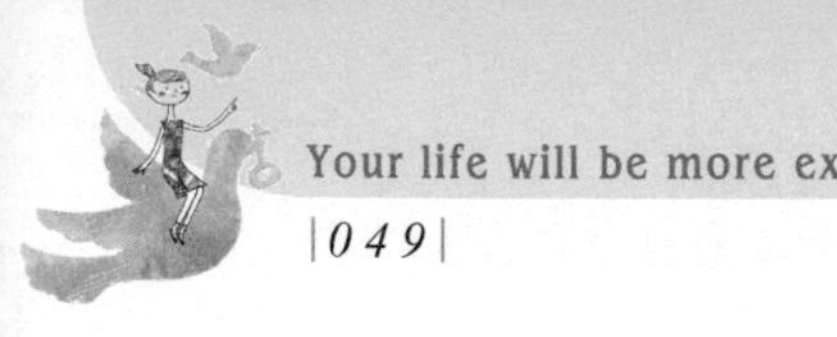

雪莉點了點頭，尤金又繼續說：「大衛知道妳戲演得很好嗎？他有來看過妳的彩排嗎？我敢打賭，妳一定是他的頭號球迷。」

雪莉說：「是啊，我是。」

尤金則回一句：「那他也應該是妳的頭號戲迷才對。」

終於，第二天雪莉繼續參加演出排練，大衛則在某一天晚上怒氣沖沖地衝進排練室打算找尤金算帳，幸好現場沒發生嚴重衝突。而後，聽說大衛換了新的女友，但雪莉並沒有失戀的悲傷，臉上的笑容反倒越來越燦爛迷人。

這次公演，雪莉的表現果然可圈可點。

的確，正如尤金所說，每個人都應該做自己擅長的事，在自己擅長的領域積極發展。如此，不但比較容易獲得成就感，相對的也比較容易得到成功。

每個人都和大衛一樣，希望自己重視的人能夠無條件支持自己，無條件成爲自己的後援，爲自己的努力加油。但是，換個角度想，我們是否也應該懂得

投桃報李，對我們重視的人一樣支持？

尤金的提醒，讓雪莉頗有感悟，她一直將大衛視爲最重要的存在，甚至可以爲了他捨棄極爲重要的事物，然而，大衛並沒有和她有相同的看法。由此，雪莉看出了他的自私和不成熟，也看出自己內心眞正在乎的關鍵。

我們可能沒有辦法實際協助心愛的人成功發達，但是，至少可以成爲對方心靈上的重要的支柱，給予對方支持，而不是落井下石。

一個成功男人背後，必定有一個無怨無悔的女人。相同的，一個成功女人背後也必然有個傾力支持的男人。

事實上，在我們的背後，都有深愛我們的人爲我們加油；相對的，該我們爲他們加油的時候，可千萬別吝嗇、推託。

加深印象，才會留下好印象

如何成功抓住人們的目光，是行銷宣傳的最大挑戰。利用重複來加深印象，利用反差來製造驚奇，都是引人注意的好方法。

人生過程中，所有發生在我們身上的順境或逆境，其實都隨著我們面對的態度在改變。態度正是改變不如意際遇的關鍵因素，遇到層出不窮的各種障礙，如果你願意試著改變，就會有不一樣的發展。

人生如此，個人或產品的行銷也是如此。

在這個「不行銷就死亡」的年代，有很多人爲了宣傳，花費大把銀子砸廣告。只不過，宣傳的效果不見得一定和花費呈正比，有時候宣傳之所以成功，只在於展現特色，成功引起人們的注意，而且留下深刻印象。

有一天尼古拉因為急事，不得不招了一輛計程車，由於倫敦的計程車費非常昂貴，以他平常的習慣，是絕對不可能這麼做的。

一坐上車，司機留了個落腮鬍，怎麼看都讓尼古拉覺得眼熟。後來他環視了一下車廂內的環境，才發現前座掛了一小幅畫像，裡頭竟是社會學家卡爾．馬克思。尼古拉這才知道，他之所以會覺得司機眼熟，就是因為司機的模樣長得和馬克思極為相像。

尼古拉問司機：「你是馬克思主義的信徒嗎？」

司機沒有直接回答，遞過一張名片給尼古拉，名片上寫著：安東尼．馬克思，接著才說道：「他是我的高祖父，我的曾祖母是他的女兒。」

尼古拉說：「你們長得很像，不知你們其他地方是不是也一樣？」

司機爽朗地笑了笑：「我可不像他那麼有學問，我頂多喜歡整理整理花園

和開車四處兜風，要眞要說有什麼地方像，就是我和他一樣都愛喝啤酒。」

尼古拉和這位談笑風生的司機一路閒聊，聊了許多和馬克思相關的傳聞和見解。下車的時候，司機先生遞過一個錢筒，要尼古拉把車資投進錢筒裡，錢筒上寫著「資本」字樣。

尼古拉打趣地說：「怎麼，這是爲了宣揚馬克思精神而做的嗎？」他知道馬克思的《資本論》一書對世界造成了重大影響，這本書可說是馬克思思想的核心。

司機聳聳肩說：「隨便你怎麼說，想在倫敦討生活可沒那麼容易，什麼都貴得要命。」

最後尼古拉在錢筒裡多丟了些錢當小費：「謝啦！很高興認識你。」

司機則遞了一張卡片給尼古拉：「很高興爲你服務，這個電話一天二十四小時都可以叫車，隨叫隨到。」卡片上寫了一個電話號碼，背面則是卡爾．馬克思的肖像畫。

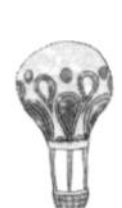

瞧！這不就是一個很成功的廣告。下一次，難得搭計程車的尼古拉又得搭車時，勢必很直接就想起這位自稱馬克思後人的司機先生。

在整個接送的過程中，這名司機一再地將自己和馬克思作連結，以引起尼古拉的好奇，也一再與尼古拉攀談馬克思相關的話題，儼然把馬克思當作事業的商標，可說是相當高明的手法。

我們的大腦一天要關注並處理許許多多的資訊與訊息，如何成功抓住人們的注意力和目光，就是行銷宣傳的最大挑戰。

利用重複來加深印象，利用反差來製造驚奇，這些都是引人注意的好方法；最後，記得不要強迫推銷，把選擇權交到顧客的手中，更是留下好印象的最高指導原則。

2.

看法會決定你的做法

激勵大師皮爾博士在《人生的光明面》裡說：

「逆境會使人變得更加偉大，

也會使人變得十分渺小，

它從來不會讓人保持原來模樣。」

何不換個心境面對人生？

海倫．凱勒曾說：「信心是一種心境，有信心的人不會在轉瞬間就消沈沮喪。如果一個人從他的庇蔭所被驅逐出來，他就會去造一所塵世的風雨所不能摧殘的屋宇。」

雨果曾說：「人生至高無上的幸福，莫過於確信自己還有希望。」

的確，當我們面對生活中的困頓、逆境和絕望，如果我們還想改變，深信自己還有向上攀爬的希望，那麼，這些逆境和絕望，未嘗不是讓我們人生隨時重新開始的一股心靈動力。

除了臨死前積蘊在心中的遺憾外，還有什麼是生命中不能承受的？

其實，人生的意義不在於生命流程到底發生了多少悲慘的事情，而是你如

何看待它們。

在一次飛行意外事故中，飛行員米契爾身受重傷，而且身上百分之六十五以上的皮膚都被燒壞了，為此他動了十六次手術，才撿回一條命。

但是，手術之後，他既無法拿起叉子，無法撥接電話，也無法一個人上廁所。儘管生活變得如此難捱，米契爾仍然堅定地告訴自己，他不能就此被打敗，他不斷激勵自己說：「我絕對可以掌握自己的人生，我可以把目前的狀況看成是一個起點。」

奇蹟出現了，六個月之後他竟然又能開飛機了。

重新開始新生活的米契爾，在科羅拉多州買了一幢維多利亞式的房子，另外也買了房地產、一架飛機及一間酒吧。後來，他更和兩個朋友合資開了一家公司，專門生產以木材為燃料的爐子，這家公司後來變成佛羅里達州第二大私人公司。

沒想到，就在米契爾開辦公司後的第四年，在一次飛行途中，飛機再次出了狀況，這次把他的脊椎骨全壓得粉碎，腰部以下永遠癱瘓。

但米契爾仍不屈不撓，努力讓自己的生命有所突破。

後來，他憑著堅韌的毅力，不但選上了科羅拉多州某個小鎮的鎮長，後來還競選國會議員，也拿到了公共行政碩士學位，並持續他的飛行活動、參與環保運動及公開巡迴演說。

某次演說時，米契爾相當感性地說道：「我癱瘓之前可以做一萬件事，現在我只能做九千件，我可以把注意力放在哀歎我無法再做的一千件事上，但是，我選擇把目光放在我還能做的九千件事上。」

海倫．凱勒曾說：「信心是一種心境，有信心的人不會在轉瞬間就消沈沮喪。如果一個人從他的庇蔭所被驅逐出來，他就會去造一所塵世的風雨所不能摧殘的屋宇。」

米契爾的人生遭受過兩次重大災厄，但是，他從不把災厄拿來當放棄努力的藉口，他的故事提醒我們，人其實可以用另一個角度，來看待一些讓自己灰心沮喪的經歷。

我們可以退一步想想自己還可以做什麼，然後我們就會充滿勇氣地說：「過去那些不幸遭遇，其實沒什麼大不了的！」

不管事情如何轉折，重要的是你用什麼心態看待。人生就像坐在旋轉木馬上，儘管每轉一圈，眼睛所看到的景物都一樣，但是，心境不同就會有不同的感受與領悟。

生命的態度也是如此，不管事情怎麼發生，只要你堅持你的目標，清楚知道自己將怎麼前進，就算某一個夢想幻滅了，你也能夠沈穩地往前走你下一步的未來。

失去了信念，你就會失去了一切

法國思想家沙特在解釋「存在主義」時說：「只有當一個人堅定自己的信念時，他才有生存下去的勇氣。」

《天路歷程》的作者約翰．班揚告訴我們：「碰到變故，開始時我們會楞住，可是過了一段時候，我們便能學會鎮靜、忍耐。」

不可否認的，要培養這樣隨遇而安的應變態度有點困難，可是，假使我們懂得知足，充滿希望和勇氣，便會發現人生並不如想像中的暗淡。

你爲什麼而活著，又用什麼角度看待你的人生？

先認清你的生命態度，那麼，就算再顛簸的路，也會因爲你清楚自己的人

生目標而被雙腳踏平。

很久以前，紐約警局發生過一個真實的悲慘故事。

有位叫亞瑟爾的警察，在一次追捕行動中，不幸被歹徒用槍射中了他的左眼和右腿膝蓋。

三個月後當他從醫院裡出來時，外表完全變了個樣，原本他是高大魁梧、雙目炯炯有神的年輕人，如今卻成了一個又瞎又跛的殘障人士。

紐約市政府和各種打擊犯罪組織頒給了他許多勳章和錦旗，他在接受訪問時，有個電台記者曾問他：「您以後將如何面對這個厄運呢？」

他充滿怨恨地回答說：「我只知道歹徒到現在都還沒有繩之以法，我發誓要親手把他抓到！」

亞瑟爾不顧任何人的勸阻，展開了追捕那個歹徒的行動，他幾乎跑遍了整個美國，甚至有次爲了一個線索獨自搭機到歐洲去。

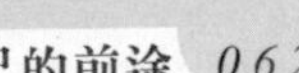

九年之後，那個歹徒終於在亞洲某個小國被逮捕，引渡回美國受審，這當然必須歸功於亞瑟鍥而不捨的追捕。在慶功會上，他再次成了英雄，許多媒體稱讚他是全美國最堅強勇敢的人。

但是，沒有想到幾天之後，亞瑟爾竟然割腕自殺，留下遺書說：「這些年來，讓我活下去的信念就是抓住兇手……，現在，傷害我的兇手已經判刑，我的仇恨化解了，生存的信念也隨之消失。面對自己的傷殘，我從來沒有像現在這樣絕望過……」

法國思想家沙特在解釋「存在主義」時說：「只有當一個人堅定自己的信念時，他才有生存下去的勇氣。」

亞瑟的結局很悲壯，卻又有那麼點滑稽，九年的艱苦日子都走過來了，到了最後爲什麼還會喪失生存的信念呢？

生命很脆弱，人的一生能有多少機會經歷大難而不死？

也許我們不能苛責亞瑟爾，但是在活下來的緝凶過程中，他卻看不見生命的難能可貴，也許應該說，在被兇手射傷的那一刻，他早已經死去，支撐他肉體繼續存活的是一股旺盛的復仇意念。

後來，亞瑟爾之所以失去了生存的意念，其實是他已經不知道自己爲什麼要活下來。

亞瑟的故事不啻提醒我們，不管經歷多大的困難，不管面對了多大的生命困境，失去一隻眼睛，少了一條腿，這些都並不要緊，可一旦失去了積極活下去的信念，就什麼都失去了。

看法會決定你的做法

激勵大師皮爾博士在《人生的光明面》裡說：「逆境會使人變得更加偉大，也會使人變得十分渺小，它從來不會讓人保持原來模樣。」

不可否認的，一些外在的因素常常會影響一個人的命運，但是，一個人的命運主要還是掌握在自己的手中。

每個人都是自己命運的設計師，命運最後會變成什麼模樣，全在於我們對生命抱持的看法。

艾美是個聰明美麗的美國女孩，不幸的是，她出生之時，兩腿就沒有骨頭，一歲的時候，她的父母做出了充滿勇氣卻備受爭議的決定，把艾美膝蓋以下的部位截切，從此，艾美一直在父母懷抱和輪椅中生活。

長大後，艾美裝上了義肢，憑著驚人的毅力，她不僅能跑步，還能跳舞和溜冰，還經常到學校或傷殘人士的聚會上演講；她也當過模特兒，常常出現在時裝雜誌的封面上。

希西也是一位知名的殘障人士，然而，和艾美不同的是，希西並非天生就是殘疾，殘廢之前，她還曾經在英國《每日鏡報》的「夢幻女郎」選美賽中，一舉奪后冠。

一九九〇年她到南斯拉夫旅遊時，決定僑居下來。在南斯拉夫爆發內戰期間，她設立難民營，並用模特兒賺來的錢設立基金會，幫助因為戰爭而殘障的兒童和孤兒。

不幸的是，一九九三年八月，她被一輛警車撞倒，肋骨斷裂，還失去了左腿。但是，她沒有被這個不幸遭遇擊垮，反而更加堅強地生活，後來她還到柬

埔寨、車臣等地呼籲禁雷，爲殘疾人爭取權益。

也許是緣分，希西和艾美某次會見國際著名義肢專家時相識。如今她們兩個人可說是情同姐妹，雖然肢體不全，但是她們從不覺得這是什麼人生憾事，反而覺得正是這種特殊的人生體驗，給了她們堅韌的意志和生命力。

她們現在使用著義肢，也能行動自如，只要不掀開遮蓋著膝蓋的裙子，幾乎沒有人能看出這兩位美女套著義肢。許多不知情的人常常稱讚她們：「妳的腿形長得眞美，看這線條，看這腳踝，看這腳趾甲塗得多漂亮啊！」

艾美說：「我雖然從小就失去雙腿，但是，我和世界上其他的女性並沒什麼不同，我也愛打扮，也希望自己更有女人味。」

她們過著知足的幸福日子，幾乎忘了自己的殘缺，人生在她們眼裡是那麼的美好，她們從不怨天尤人。

激勵大師皮爾博士在《人生的光明面》裡說：「逆境會使人變得更加偉

大，也會使人變得十分渺小，它從來不會讓人保持原來模樣。」

在我們的生活當中，有一半的事是好的，一半的事是不好的。如果，你希望能過得快樂，就應該把精神放在這百分之五十的美好事物上面；如果你喜歡憂傷、沮喪，或煩惱得胃腸潰瘍，那麼誰也無法阻止你，你就把精神放在那百分之五十的壞事情上吧！

痛苦，會讓你脫胎換骨

美國作家華盛頓．歐文在《見聞札記》裡寫道：「小人物在不幸中卑躬屈膝，大人物在不幸中挺身而起。」

爲什麼最珍貴的藥材往往得在深山裡才找得到？爲什麼最新奇古怪的海洋生物都生活在最深層的海底？

這些植物或生物是在人們找尋的時候才被發現，它們生長的環境是那樣的惡劣，但正因爲生長不易，它們也往往具備了其他動植物所沒有的價值，人生不也正是如此嗎？

在里昂的一次社交宴會上，與會的賓客因爲討論掛在牆上的一幅油畫而發生了爭論，主人看到雙方的爭執越來越激烈，爲了緩和氣氛，便轉身找來一個年輕僕人解釋這幅作品。

起初，客人們對主人的做法深深不以爲然，但是，令他們驚訝的是，這僕人的解說有條不紊，深具說服力，衆人的爭論立刻平息下來。

一位客人感到相當納悶，便態度恭敬的問這僕人：「先生，您眞是學識淵博，是從什麼學校畢業的？」

這位年輕僕人不卑不亢地回答說：「我在很多學校學習過，但是，讓我花最多時間也獲得最大的收益，就是『苦難』。」

這位年輕僕人的苦難遭遇，對他而言很有助益，儘管當時的他只是一個貧窮而低微的僕人，但是不久之後，他便以卓越的智慧震驚了整個歐洲，而且舉世聞名，他就是法國最著名的哲學家盧梭。

有一位名叫道格拉斯的黑奴，從小連最基本的身體都不屬於自己，因為在他出生之前，他就被家人拿去抵債了，出生之後，他就註定有一段辛苦的人生路要走了。

因此，道格拉斯成長的過程中，不僅沒有機會上學讀書，連農場主人也不允許他自修學習。

但是，道格拉斯並沒有放棄自修，只要主人一不注意，他就會從廢報紙、藥單、日曆上學習文字，而且非常努力，從不間斷。

二十一歲的時候，道格拉斯終於逃離了農場，到北方的紐約當搬運工，並參加反奴隸運動。

後來，他在紐約辦過報紙，在華盛頓編輯過《新時代》雜誌，而且還成為哥倫比亞地區聯邦法官和美國的第一個黑人議員。

美國作家華盛頓．歐文在《見聞札記》裡寫道：「小人物在不幸中卑躬屈膝，大人物在不幸中挺身而起。」

在肥沃的土地上會有盛開的美麗花朵，但強風一掃就會傾倒，唯有那些從岩縫中生長的參天大樹，才能在狂風暴雨中屹立不搖。

生命的痛苦和磨難，往往是一個人脫胎換骨、向上躍昇的契機。

珍惜眼前的生活，沒有經歷過坎坷磨難的人，永遠領略不到人生的美好，永遠不會超越常人的成就。

有機會遇上逆境也是一種幸福

愛因斯坦曾說：「通向人類真正的偉大的道路只有一條，那就是苦難的道路。」

在人生旅程中，並不是每一種我們遭遇到不幸都是災難，有時只是新生活的開端。只要我們以堅定的心情去面對人生中無法避免的災厄，很多時候，逆境就會變成是另一種的祝福。

只要我們能轉換自己的心境，便能知足樂觀地繼續走向人生旅程！

古希臘時代，雅典城有一個名叫基里奧的奴隸，很有藝術的天份。一天，他正在創作的時候，希臘官方竟頒佈了一條法律，規定奴隸若是從事藝術創作，就要判處死刑。這項法令無疑宣告基里奧的創作生命死亡了，因為他已經把整個生命和靈魂都投入在他的雕塑作品上。

基里奧的姐姐聽到了這項法令，和她的弟弟一樣，心中也感受到巨大的打擊。但是，她鼓勵著基里奧說：「你搬到我們房子下面的地窖去創作，一切生活上的需要，我都會供應你，你不必擔心，好好去做你想做的工作，我相信上帝會保佑我們。」

基里奧在姐姐保護和協助下，日以繼夜地進行著危險的藝術創作。

不久，雅典舉行了一個藝術展覽會，由身兼政府要員的藝術家波力克主持，希臘當時最著名的雕塑家菲狄亞斯、哲學家蘇格拉底，以及其他有名的大人物都參加了。

他們發現，在展覽作品中，有一組雕塑特別突出、耀眼，比其他作品都要出色。這組大理石雕塑吸引著了所有人的注意，藝術家們都同聲讚嘆。

波力克於是問道：「這是誰的作品？」

但沒有人應聲，波力克又重複問了一次，還是沒有人回答。

在一片靜默中，忽然有一個少女被士兵拖了出來。這個少女緊閉著嘴，眼中閃爍著堅定的神情，拖著她的士兵向波力克報告：「她知道這個雕塑的來源，但是她堅決不肯說出雕塑者的名字。」

士兵一再追問，但是少女仍然不說話，士兵恐嚇她再不說話就會被懲處，但是她還是緊閉著嘴巴。

波力克見狀，說道：「那麼，就把她關進地牢去。」

就在這時，一個滿頭長髮、面容憔悴，奴隸模樣的年輕人衝到波力克面前，哀求說：「求你放了她吧，是我，那組雕塑是我的作品。」

這時，現場的人鼓噪了起來，呼喊著：「處死他！該死的奴隸！」

但是，波力克站了起來，說道：「不！只要我還活著，就要保護那組雕塑！法律最崇高的目標就是要保護和發展美好的事物。雅典之所以能聞名世界，那就是因為她對不朽藝術的貢獻，這位年輕人不應該處死，而應該站在我

的身邊！」隨即，波力克命令助手把手裡的桂冠戴在基里奧頭上。

二十世紀最偉大的科學家愛因斯坦曾說：「通向人類真正的偉大的道路只有一條，那就是苦難的道路。」

我們所要面對的，除了發生在我們身上的每一件事之外，還要留意我們所要做出的反應是不是會造成自己和別人的傷害。

生活中無法迴避的困難會教導我們，應該以堅定的心情去迎接未來，縱使是在極爲困難的處境中，也要保持自己的精神力量。

如此一來，不僅可以超越痛苦和環境，更可以從體現的價值中，激勵、鼓動我們的生活。

你可以選擇走向不同的人生道路

德國思想家歌德在《感想集》裡寫道：「能把自己生命的終點和起點連接起來的人，是最幸福的人。」

種種摧殘人生的不幸事件，不斷地在我們週遭發生，只要不幸碰到了，往往使人心灰意冷、怨天尤人。

然而，這時憂愁、焦慮、埋怨都於事無補，你必須告訴自己，只要勇於面對，再艱困的事也總會找到解決的辦法。

人的一生當中會有很多選擇題，但這些題目卻沒有公式可以套用，也沒有所謂的標準答案。

雖然每個人的選擇都不同，但是，每個人心中都有各自的標準答案。

榮登美國職棒名人堂的打擊好手R．熱弗爾是在底特律貧民區裡長大的黑人，由於缺乏關愛和指導，童年時期他就跟其他的孩子們一樣，學會了逃學、偷竊和吸毒。

剛滿十二歲那年，他就因爲搶劫一家商店而被逮捕，被送進少年感化所；到了十五歲的時候，他因爲企圖撬開辦公室裡的保險箱再次被捕，進了少年監獄；後來，他又因爲搶劫鄰近的一家酒吧，第三次被送入監獄。

有一天，監獄舉辦壘球比賽，一個年老的無期徒刑犯人看到他壘球打得很出色，便鼓勵他說：「小伙子，你還年輕，有能力去做些你想做的事，別再自暴自棄了。」

熱弗爾聽到後，心中不禁一震，回牢房後反覆思索老囚犯的話，終於做出了生命中最重大的決定。

雖然他還在監獄裡，但他突然意識到，他和一輩子都得在監獄渡過的老囚犯不同，因爲他還有機會選擇出獄之後要做些什麼事，他可以選擇不再入獄，他要選擇重新做人，當一個棒球選手。

五年之後，這個年輕人成了美國職棒大聯盟中底特律老虎隊的隊員，因爲，一個偶然的機會裡，底特律老虎隊領隊馬丁訪問監獄，發現了熱佛爾的棒球天分，便努力協助他早日假釋出獄。

不到一年，熱弗爾就成了老虎隊的主力隊員。

儘管熱弗爾出生在社會的最底層，曾經是被關進監獄的囚犯，然而老囚犯的一番話，終於讓他意識到自己的生命不只如此，還有各種可能，於是選擇走向自己想走的路。

德國思想家歌德在《感想集》裡寫道：「能把自己生命的終點和起點連接起來的人，是最幸福的人。」

故事中，身陷牢獄的熱弗爾可以自暴自棄地告訴自己：「現在我在監獄裡，人生一片黑暗。」但是，聽了老囚犯的勸導，他卻願意這麼想：「我要選擇走向不同的人生道路。」

自由選擇的權力，是你開創美麗遠景最有力的工具。

人生充滿選擇，不管是想法，還是前進的路途。沒有人會架著你要選擇走哪一條路，也沒有人能逼著你一定要怎麼想。

你想走向什麼道路，過什麼生活，這些都是屬於你自己的選擇權，如果你不自己在心中做好決定，那麼，縱使有再多的人伸手要幫你一把，你也會失手錯過每一次機會。

充滿鬥志就能創造自己的價值

印度詩聖泰戈爾在《沈船》中寫道：「上天完全是為了堅強我們的意志，才在我們的道路上設下重重的障礙。」

生活是一場「戰鬥」，無論身處什麼社會地位，人只要勇於追求自己的夢想，都有生存的價值和意義。

即使是出身最低微的人，只要他對生活抱持真誠的態度，那麼他不僅擁有了當下，也能掌控未來。

牛頓是英國格雷哈姆附近一個地產商的兒子，拉普拉斯則是漢弗勒爾附近的波蒙特福奇一位貧窮農民的兒子，他們的生活有著不同的困境，但這兩位傑出科學家盡情發揮他們的天賦，終究在自己專精的領域功成名就，這種成就是任何財富也無法買到的。

天文學家兼數學家拉格萊姆的父親，原本在都靈擔任戰地財務主管，然而卻因爲多次從事投機的生意，把家產全部賠光了，拉格萊姆一家從此生活貧困。但是，功成名就之後，拉格萊姆總習慣把他的成就和幸福，歸功於當初的艱困生活條件對他的磨練。

拉格萊姆這麼說：「如果當初我的生活是富裕的話，很可能今天的我，就當不成數學家了。」

印度詩聖泰戈爾在《沈船》中寫道：「上天完全是為了堅強我們的意志，才在我們的道路上設下重重的障礙。」

許多成功人士都是憑著自己的努力和充滿活力的奮鬥，從最低微的社會底層攀爬到具有影響力的傑出地位。

因此，我們可以這麼說：「不幸，是一所最好的大學。」

身處困境或出身低微並不可恥，可恥的是在貧困中沈淪、墮落。在困境之中，你越要激勵自己奮發向上，因爲，艱困的情況將會是你走向成功不可或缺的有利條件。

你的人生只是夢幻泡影？

丹麥詩人皮特海因曾經寫道：「人唯有像樹木一樣自然成長、飽經風霜，才能根深葉茂。」

有一個牛奶廣告中，一群小朋友喊著要像大樹一樣，身體強壯，長得茁壯。其實，每個人都像是一棵樹，不管願不願意，都得經歷大風大雨，都得經歷生命的變動，只有一點一滴的累積生命的養分之後，我們才會像雄偉的大樹一樣，站在風雨之中屹立不搖！

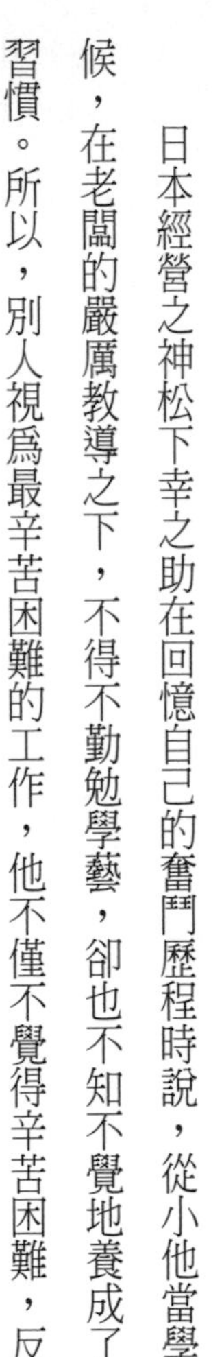

日本經營之神松下幸之助在回憶自己的奮鬥歷程時說，從小他當學徒的時候，在老闆的嚴厲教導之下，不得不勤勉學藝，卻也不知不覺地養成了勤勉的習慣。所以，別人視爲最辛苦困難的工作，他不僅不覺得辛苦困難，反而都覺得很快樂。

換個方式說，松下幸之助覺得快樂的工作，在別人看來卻苦不堪言，正是因爲看待工作的態度的不同，所以他的成就和一般人自然有天淵之別了。

他回憶說：「年輕的時候，長輩們總是教導我們要勤奮努力，那時我便想，如果自己不肯勤勉努力，那麼年紀輕輕的我，怎麼奢望將來擁有些什麼成就？正因爲年輕有所期望，才更要認眞努力前進。」

人脫離了現實，就只能生活在虛幻之中。沒有紮實的根基，你看到的只是一次又一次的海市蜃樓和夢幻泡影；沒有眞正的本領和能耐，只有誇口和吹牛皮，你認爲你還能擁有什麼？

丹麥詩人皮特海因曾經寫道：「人唯有像樹木一樣自然成長、飽經風霜，才能根深葉茂。」

這句話看似平凡簡單，卻充滿了深刻的人生哲理。

沒有人不希望早點功成名就，但你千萬別弄虛作假或是一味只想走捷徑，成功是汗水淚水與血水澆灌出來的果實，唯有經歷千錘百鍊的成功，才是眞正屬於你的成功。

別再渾渾噩噩過日子

西班牙大作家塞萬提斯在《唐吉訶德》裡寫著：「勇敢的人開鑿自己的命運之路，每個人都是自己命運的開拓者。」

《傷心咖啡館之歌》的作者卡森．麥卡勒斯曾經寫道：「當你累得滿頭大汗，事情還是沒有起色，這時你的心靈深處便會泛起一個問號，難道這就自己想要的生活嗎？」

其實，想要擁有什麼生活，往往取決於你怎麼做，而不是你做了什麼。一個不能用智慧主宰自己生活的人，將永遠只配做生活的奴隸！

先闔上書一分鐘，仔細想想現在的你，日子是怎麼過的。

審視得如何呢？現在的情況眞的是你想要的嗎？

如果不是，這樣的日子有人逼你過嗎？

看完下面這一則故事，必定會讓你在莞爾之餘，心中有一些感觸。

二十世紀初，有個愛爾蘭家庭打算要全家移居到美洲，但是，他們非常窮困，沒有足夠的經費，於是辛苦工作、省吃儉用了三年，總算才存夠錢買了去美洲的三等艙船票。

上船之後，他們被帶到甲板下方睡覺的地方，一家人以爲整個旅程中他們都得待在這個擁擠的小房間裡，而且他們也確實這麼做了，每天都吃著自己帶上船的少量麵包和餅乾充飢。

這樣一天過了一天，他們總是以既嫉妒又羨慕的眼神看著頭等艙的旅客，神情愉快地在甲板上吃著奢華的大餐。

正當輪船快要抵達美洲大陸的時候，其中有一個孩子餓得生病了。

父親情急之下便去找服務人員，請求他們幫忙：「先生，求求你，能不能賞我一些剩菜剩飯給我的小孩吃？」

服務人員聽了這番低聲下氣地話，訝異地回答說：「你爲什麼這麼問呢？這些餐點你們也可以吃啊！」

「眞的嗎？」父親吃驚的問：「你的意思是說，整個航程裡，我們都可以和其他人一樣用餐嗎？」

「當然可以！」服務人員以驚訝的口吻說：「在整個航程裡，這些餐點都會供應給你和你的家人，你們的船票只是決定你們睡覺的地方，並沒有限制你們的餐點。」

西班牙大作家塞萬提斯在《唐吉訶德》裡寫著：「勇敢的人開鑿自己的命運之路，每個人都是自己命運的開拓者。」

其實，很多人都有著故事中相同的狀況，以爲目前的位置就是一輩子必須

待的地方，絲毫不知道他們可以和其他人一樣，享受同樣的權利，甚至過得比別人還要好。

成功並非遙不可及的夢想，但是必須靠你自己努力爭取。過去的你如果過著渾渾噩噩的日子，就應該在今天覺醒，爲燦爛的明天打好基礎。不要老是活在過去的窠臼裡，你一定可以走出來，努力爭取你所夢想的園地。

馬利丹曾經寫道：「讓人最難受的，不是被剝奪曾經擁有的的東西，而是被剝奪未曾有過，並不真正了解的東西。」

的確，現實中的困難皆可克服，唯獨憑空想像的困難無法解決。

其實，生活的本身既不是快樂，也不是痛苦，而是快樂和痛苦的容器，就看你想把它變成什麼……

3. 好運氣，來自積極的念力

好運氣是積極念力造就的成果。

無論眼前的際遇如何，

只要心裡懷抱著希望，

就能夠讓我們吸引更多運氣。

給自己多一點掌聲

法國思想家蒙田在《隨筆》裡寫道：「我不在乎我在別人的心目中是如何，而是更重視在我自己的心目中如何；我要靠自己而富足，不是靠求助於人。」

美國作家德萊塞在《嘉麗妹妹》中寫道：「只要你對人生還抱著希望，你的幸福就有實現的一天。」

希望是支撐一個人活下去的支柱，信心是追求幸福的動力，「知足就是幸福」則是迎向美好未來的樂觀積極心態。

每天告訴自己，你是獨一無二的，告訴自己，你就是第一。

每個人都有屬於自己的獨特才能，只要你相信自己，建立自己的信心，世

界就會追隨在你的身後。

美國著名的推銷大王吉拉德，很小的時候就隨父母從義大利搬到了美國，在底特律的貧民區度過了悲慘的童年，生活中的痛苦和自卑，一直是他走不出來的傷痕。

每天必須爲生活奔波勞碌的父親，總是告訴他：「認命吧，你是註定得一事無成了。」這種宿命的說法令他十分沮喪，常常想著自己暗淡無光的前程，而苦悶悲傷不已。

但是有一天，他的母親卻這樣告訴他：「世界上沒有誰跟你一樣，孩子，你是獨一無二的。」

從此以後，他重燃起了新希望，開始認定自己就是第一，沒有任何人可以比得上自己。建立起自信的他，也奠定了成功的基礎。

他第一次去面試時，這家公司的秘書跟他要名片，他不慌不忙地遞上一張黑桃A，這個怪異的舉動讓他得到立即面試的機會。

面試時，經理疑惑地問他：「你是黑桃A？」

「是的。」他信心十足地回答說。

「爲什麼是黑桃A，不是別的？」

「因爲A代表第一，而我剛好就是第一。」

就這樣，他被錄取了。想知道後來的吉拉德嗎？

他眞的成了世界第一的推銷員，業績是年銷量一千四百二十五輛車，創造了輝煌的紀錄，不簡單吧！

這是因爲，吉拉德每天睡前都會不斷地對自己說：「我是第一。」

這樣的自我暗示，更加堅定了他的信心和勇氣，日積月累之後，他的自然得到了有力的潛移效果。

如何，要不要學學吉拉德的自我激勵方法？就從現在開始，每天多給自己

一點激勵吧！

法國知名的思想家蒙田曾在《隨筆》裡如此寫道：「我不在乎我在別人的心目中是如何，而是更重視在我自己的心目中如何；我要靠自己而富足，不是靠求助於人。」

不管別人怎麼看你，不管別人怎麼說你，最重要的是，你就是你，像手上的指紋，全世界不會有人是一模一樣的情況相同，你就是那樣的獨一無二。記住，一個連自己都不相信的人，就別指望別人相信，再多人的鼓舞，怎麼也比不上你給自己的掌聲。

心態調整好才能充分發揮潛能

重新調整自己的心態與腳步，先自我肯定，然後我們才能得到別人的認同。重新建立自信，才充分發揮你的潛能。

你的生活音律變調了嗎？你的人生音色總是低沉缺乏活力嗎？

那麼，快重調你的音弦，不要讓走調的音聲繼續折損你的內在潛能，繼續破壞你的人生樂章。

阿格西勞斯大帝曾經寫道：「環境固然不能使人變得高雅，然而，人卻能為置身的環境增光添彩。」

只要你願意調整自己的態度，就能展現不一樣的人生高度。

今天有個拍賣商要主持一場二手物品的拍賣會，只見他拿起一把看起來非常破舊的小提琴，接著還彈撥了幾下琴弦。

沒想到，琴音竟然全部走調，這讓原本就不被看好的琴身，如今在走調絃音的導引下，更是失去了販售的價值。

拍賣商拿起了這把又舊又髒的小提琴，接著便皺起了眉頭，毫無精神地開始叫賣起來：「這把小提琴只要十美元，有沒有人要啊？」

現場雖然人流穿梭，但是卻沒有一個人願意停下腳步。

於是，拍賣商人把價格降到了五塊美金，但始終沒有人願意給點反應。

最後，他繼續降價，且一路直降到到了五毛。

他這會兒大聲地呼喊道：「這把琴只要五毛，我知道它值不了多少錢，但是你現在眞的只需要花五毛就能把它拿走。」

就在這個時候，有位頭髮花白、留著長鬍子的老人家走了過來，問道：「能

不能讓我看看這把琴啊？」

拍賣商點了點頭，立即將小提琴遞給了老人家。

老先生先是拿出了一條手絹，將琴身上的灰塵和髒污擦去，接著便慢慢地撥動著琴弦，然後又一絲不苟地將每一根弦調撥至正確的音聲，最後他把將這把破舊的小提琴擺放到下巴上，開始認眞地演奏了起來。

沒想到這一演奏，竟將人群吸引了過來。不少人被這把琴展現出來的音色感動，忍不住驚呼：「這琴音眞美，你聽這把小提琴多棒啊！」

拍賣商見狀，立即詢問現場人群：「有沒有人要買啊？」

這時，有人叫喊道：「有！一百元！」

另一個人則說：「我出二百元！」

最後，小提琴在老人家的彈撥聲中，慢慢地增值至一千元時成交！

從五分美元一躍到一千美元，這中間的價差是因爲老人家的完美演出，還

是這把小提琴真有此價？其實，這兩項都是促使小提琴增值的重要原因，懂得小提琴問題所在的老先生，知道音準與音質是別人評價它的標準，所以輕輕調整音弦之後，不僅讓小提琴原有的音絃品質再次回復，更在自己的彈撥下，讓小提琴原有的美妙音質重現。

我們也從老先生調音的動作中，隱約間領悟了另一份隱喻：「原來，生活中我們要改變的不是外在環境，而是修正並提升你我的內在潛能。」

我們到底擁有多少潛能值得人們的提拔與肯定，其中決定價值的指標，並不在別人怎麼認為，而是我們要如何表現自己。

如果我們也像拍賣商般，不懂得提升自家產品的內在品質，只知一味地降價求售，那麼，帶著否定自我的態度，我們恐怕很難得到別人肯定。如此一來，又怎能奢望別人給予我們表現的機會呢？

重新調整自己的心態與腳步，先自我肯定，然後我們才能得到別人的認同。重新建立自信，先肯定自己，然後我們才能在難得的機會中，充分發揮自己的潛能。

不試著摩擦，怎會有愛的火花？

勇敢地表達自己心中的意愛，至少給了自己一次不後悔的答案，不會白白看著愛慕的人從眼前溜走。

有的人想愛不敢說，濃濃愛意只敢藏在心頭不敢表現出來。幸運的話，對方可以感受到他的心意，靜靜地等待他勇敢表示；但是大部分的時候，等待不一定會有結果，放在心頭的愛要是無人收受，心愛的人投入別人的懷抱，屆時就後悔莫及了。

想要得到渴望的愛，就要勇敢追求，就算得不到愛情，至少也能得到答案；說不定，其實幸運女神就站在你的身旁，等著助你一臂之力。

荷蘭足球明星克魯伊夫的愛情故事，就很值得我們效法。

在足球場上叱吒風雲的克魯伊夫，很受女孩子歡迎，每天都收到一大袋情書。不過，情書這種東西很微妙，剛開始收到會臉紅心跳，收多了就沒什麼感覺了。克魯伊夫雖然每一封都會打開看看，但是真正讓他想要回應的，卻一封都沒有。

有一天，克魯伊夫收到的不是情書，而是一本日記。

讓克魯伊夫印象深刻的不是日記本身，而是特殊的內容。把愛慕當成日記來寫的球迷並不在少數，但這本日記很不一樣，從第一頁開始，每一頁上頭都只有一個名字，就是克魯伊夫，而且每一個名字都是克魯伊夫自己寫的。

一直翻到最後一頁，克魯伊夫看見一行又一行娟秀的筆跡，上頭寫著：

「親愛的克魯伊夫，我看過你踢的一百多場球，每一場球賽結束後，都想盡辦法要得到你的簽名，我很幸運都得到了。我將這本日記本送給你，我敢說

我一定是你所有球迷當中最有心機的，但我的心機只希望能夠在你的心底留下一點印象。我必須對你說，我已經深深地愛上你了，多麼渴望你也能同樣回應我的愛。

我知道這個渴望可能是個奢望，但無論如何都要向你表白我的心意，我雖然才十九歲，但已懂得什麼是愛的眞諦。

現在，你知道我的心意了，我懇求你的答案。如果，你沒有辦法接受我對你的愛意，那麼請你把這本日記還給我；不能夠擁有你的愛，至少我還擁有你給我的每一個簽名，這足以讓我這一生感到慰藉……」

字裡行間裡的情感流露，深深地打動了克魯伊夫的心。試問一個女孩緊緊地注視著他一百多場球賽上的身影，那會是多麼深刻的情意。

一個禮拜以後，二十一歲的克魯伊夫和十九歲的丹妮．卡斯特在一座公園裡的塑像旁相會，兩人也從此訂了情。

這個浪漫的愛情故事，說明了人與人之間情感連繫的魔力。儘管愛情不是單方面有意思就可以有結果，然而勇敢地表達自己心中的意愛，至少給了自己一次不後悔的答案，不會白白看著愛慕的人從眼前溜走。

男女之間的愛情，往往從相識進化到相愛，眞正一時天雷勾動地火式的愛情並不多見；反倒是兩個人有緣朝夕相處，更有可能慢慢磨出愛的火花。

如果有緣相識，卻無緣共處，即使兩人互有好感，最後也很難修成正果。如果沒有機會藉由共處的機緣好好認識對方，又怎麼會知道對方是不是適合自己的人？

要是連相識的緣份都不敢去爭取，那豈不是更加沒有機會？

丹妮·卡斯特勇敢地說出自己想要的愛情，也因此得到心中的眞愛，如果她不說，就永遠只是千萬個球迷中的一個。她以自己的方式表達出來了，而且讓克魯伊夫印象深刻，因此結成了一段良緣。

不試著摩擦，怎會有愛的火花？你心中有愛慕的對象嗎？或許你也該勇敢一點，試著去了解答案是什麼，說不定眞愛就是你的。

好運氣，來自積極的念力

好運氣是積極念力造就的成果。無論眼前的際遇如何，只要心裡懷抱著希望，就能夠讓我們吸引更多運氣。

每個人心中都有過一些渴望的事物，那種日也想、夜也想，輾轉反側的難過，實在是一種折磨。當終於有機會順遂心願時，心中那種美夢成眞的快樂，其實更勝於得到那件事物。

思想家泰倫底馬斯曾說：「你可能做不到你想做到的一切，但是，你絕對可以做到你希望做到的一切。」

我們經常會爲自己做不到的事情找藉口，埋怨景氣太差，抱怨自己懷才不

遇。但是，這些都是負面的思緒，只會讓你的人生持續跌至谷底。你應該做的是：改變思緒，用積極的念力開創好運氣。

十歲的愛麗絲非常想要一輛腳踏車，但家裡根本就買不起，她很清楚知道這個現實，儘管心裡真的非常想要，也不敢說出口。

有一天，愛麗絲經過街上的超級市場，立刻激動地飛奔回家。

她對媽媽說：「媽，是腳踏車，摸彩的頭獎是腳踏車！而且只要花二十分錢就可以得到一張抽獎的彩券。」

愛麗絲的父親聽了，發笑地說：「唉！妳別傻了，我們窮人家哪來那樣的好運氣！」

可是，愛麗絲仍然不想放棄，哭著求道：「買一張不中，那我們就買兩張，只要兩張就好了。一定會中的！」

最後，父親拗不過她的懇求，終於答應第二天帶她去超級市場。

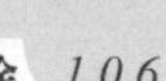

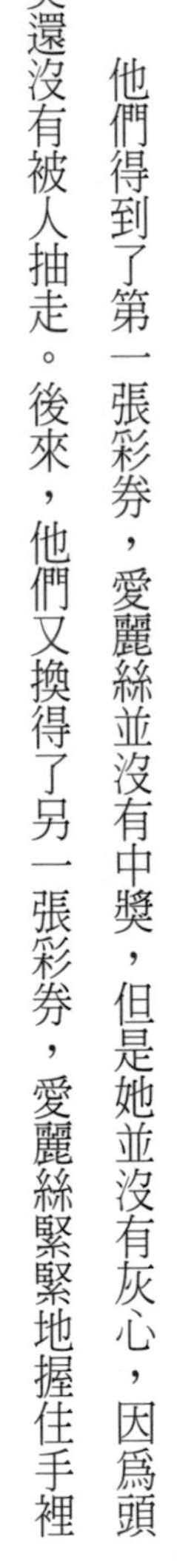

他們得到了第一張彩券，愛麗絲並沒有中獎，但是她並沒有灰心，因爲頭獎還沒有被人抽走。後來，他們又換得了另一張彩券，愛麗絲緊緊地握住手裡面的彩券，緊張得都要全身冒汗了。

搖獎的輪子吱吱嘎嘎地轉著，終於，彩球掉了下來，是二十七號，正好是愛麗絲手中彩券的號碼。愛麗絲中了頭獎，得到了心心念念的腳踏車。

愛麗絲感到非常開心，因爲他們家第一次有這樣的好運道，十分感謝老天爺讓她能夠達成心願。

直到十數年後，父親過世，母親才對愛麗絲說出眞相。原來，抽獎的前一天，愛麗絲的父親向房東借了錢，又去向超級市場的人打商量，請他們務必讓愛麗絲中獎，他願意付錢買下腳踏車。

愛麗絲這時才明白，自己之所以中獎，並不是老天爺的功勞，而是他的父親每天額外辛勤地工作換來的。

對於愛麗絲的父親而言，與其直接給孩子腳踏車，不如讓孩子學會懷抱希望，體會美夢成真的快樂。那麼，未來即使孩子仍要面對生活中的種種苦難，也可以對人生懷抱著熱切的希望，不致尚未努力就逼自己放棄。

只要懷抱希望，事情就會有轉機。守得雲開見月明，人生中的種種困難，往往得有足夠的耐性去等待、期望，才能夠順利跨越。

好運氣，與其說是求來的，不如說是積極念力造就的成果。我們相信自己擁有好運，就能夠在事情發展的過程中，選擇觀看那些順遂的環節。相對的，如果一直覺得自己帶衰，就會不斷地注意那些不順利的情況。

現實生活總是福禍接踵而來的，有福有禍的人生，才能夠讓我們學會品味其中甘苦。

無論眼前的際遇如何，只要心裡懷抱著希望，就能夠讓我們吸引更多運氣，整個人的氣勢旺了，福氣也就跟著來了。

了解失去的感受，才懂得珍惜所有

一個不知珍惜所有，只知一味要求的人，只能夠從失望之中學習；因為，只有了解失去的感受，才會懂得珍惜手中所有。

誰都希望夢想能夠成眞，期待自己擁有實現夢想的一天，當一個人擁有一個希望的目標在眼前，往往活得特別有動力。

只是，有時候，夢想不一定能夠成眞，有時候希望也會落空；在那樣的時候，我們除了失望沮喪之外，還能夠做些什麼呢？

或許，我們事後可以回味一下，那些失望與沮喪的感受，究竟帶給我們什麼樣的啓示。

芬妲在耶誕節前夕對父母表示，她今年想要的耶誕禮物是一匹小馬，還一再強調，除了得到一匹小馬，其他的她一概不要。

父親問她：「如果是一雙高筒皮靴，妳也不要嗎？」那曾經是芬妲前一陣子的禮物名單第一名。

芬妲仍然固執地說：「不要，我就是要一匹小馬！」

媽媽問她：「小馬裝不進妳的襪子裡，怎麼辦？」

芬坦大聲地回答說那是耶誕老人應想辦法解決的問題，反正她今年無論如何都要一匹小馬。

就這樣，情況一直僵持到平安夜，那天晚上，芬妲和哥哥姐姐一起把襪子吊掛在壁爐上。第二天一大早，所有的人都飛快地衝下樓，來到壁爐前看看自己究竟得到了什麼樣精美的禮物。

所有的人都在自己的襪子裡得到自己想要的禮物，只有芬妲的襪子裡什麼

都沒有，空空癟癟的，連一顆糖果都沒有。

相較於其他人的興高采烈，芬妲難過得想要放聲大哭，但是她不想在大家面前哭，不想被人看笑話。耶誕老人遺漏了她，那個不知道怎麼帶著小馬鑽進煙囪的笨耶誕老人。

芬妲來到屋後的馬棚裡，一個人沮喪地坐在護欄上掉淚，心想也許自己眞的太過分了，耶誕老人沒必要照顧這樣固執的小孩。

爸爸也跟著到馬棚裡來，本來想說些安慰的話，但是芬妲根本不想聽。儘管她的態度非常糟糕，父親還是陪在她的身邊沒有離去。

突然，他們聽到一個聲音，「請問這裡有一位芬妲·史蒂芬嗎？」

芬妲跳下護欄，走過去拉開馬棚的門，接著看見一匹漂亮的小馬，渾身黑亮的毛皮，額前一點白星，看起來好可愛、好漂亮。

芬妲撲過去抱住小馬的脖子，回過頭就看見父親慈愛的笑容。她知道這匹小馬是她的了，父親走過來的時候，她立刻放開馬脖子，開心地抱住他。

那個送馬的人不住道歉因爲一直找不到門牌所以來晚了，但是芬妲一點也

不在意，因爲耶誕老人並沒有忘了她，還是爲她帶來了一匹小馬，她終於獲得了衷心渴望的耶誕禮物。

當然，從這一天開始，她也眞切地明白，原來，所有的禮物都是她的父母爲她們準備的。她沒有夢幻破滅的感覺，反而更加喜愛她的父母，也對他們充滿感激。

芬妲就像所有任性的小孩一樣，想要什麼就一定要得到，完全不理會別人是否感到爲難，是否有能力辦到。

可是，她的父母還是想辦法在能力範圍裡面，努力爲孩子圓夢。如此的父母愛，如果芬妲還是不懂得感恩，就未免太可惜了。因爲這樣的父母愛將變成溺愛，無法使得芬妲看清一切事實。

在這個世上，只有極少數人很幸運可以想要什麼就不費力氣得到，大部分的人，爲了想要得到夢想的一切，必須付出許多相對的代價。

想要過著優渥的生活，必須先認眞打拚；想要錦衣玉食，必須先想辦法積累財富……。如果凡事都不肯付出，只想等著禮物從天上落下來，那麼，品味失望苦楚的可能性就很大了。

一個不知珍惜所有，只知一味要求的人，只能夠從失望之中學習；因爲，只有了解失去的感受，才會懂得珍惜手中所有。

會動腦筋的人一定會成功

機會要靠自己去爭取，別再亦步亦趨地跟著別人走，偶爾跳開保守的規矩，動動你的聰明腦袋，機會便將直奔你的懷抱。

黎巴嫩詩人紀伯倫曾經寫道：「如果理想是人生大船的舵，那麼態度則是人生大船的帆。」

一個人的態度左右著自己的人生高度，不論你正要做什麼事，如果想領先別人幾步，就要留意自己的態度。

別以爲機會可以一等再等，如果你不能主動爭取，即使別人錯過了它，也不代表你就一定會擁有它。

機會只會與主動爭取它的人配成對，對於那些只敢遠遠觀望它的人，機會只能無奈地嘆氣，因爲它知道，一個沒有勇氣爭取機會的人，即使把機會給了他，他們恐怕也不懂得如何把握。

暑假那麼漫長，十六歲的佛瑞迪想：「每天都待在家裡一定很悶。」於是，他鼓起勇氣對父親說：「爸爸，我不想整個夏天都向您要錢，我想出去打工。」

父親似乎不太了解他的目的，便說：「是嗎？那好，我會想辦法幫你找份工作，不過現在恐怕不太容易找得到。」

佛瑞迪一聽，連忙解釋：「爸爸，我不是要您幫我找工作，我會自己去尋找，還有，請您對我有信心一點，就算現在職場徵人的情況不佳，我也一定會找到工作，因爲，不管再怎麼不景氣，總有些人可以找到工作的。」

「哪些人？」父親懷疑地問著。

「那些會動腦筋的人啊！」佛瑞迪答道。

父親允許佛瑞迪出去打工後，他立即翻閱報紙，在求職欄上找了一個很適合他的工作。七點四十五分，佛瑞迪便已經出現在應徵公司的門口了，雖然八點才開始面試，但是以為已經早到的他，卻看見門口早就排了將近二十個男孩在等候。

「居然有這麼多競爭者，等一下我要怎麼表現自己呢？」佛瑞迪在心中仔細地思考這個問題。

「在這個重要時刻，我得好好地動一動腦，我要怎麼做才能讓面試官注意我呢？」佛瑞迪的腦海繼續出現了第二個準備解決的問題。

忽然，佛瑞迪拍了一下自己的大腿：「是啊！我可以先這麼做。」旁邊的人看見佛瑞迪突然打了自己一下，接著還拿出紙筆寫字，都以為佛瑞迪太過緊張，以致於行為失常了呢！

很快地，佛瑞迪完成他的便條，只見他將摺得整整齊齊的字條交給了秘書，然後十分恭敬地對她說：「小姐，能不能請您這張字條交給您的老闆呢？這個

字條十分重要喔！」

女秘書看著這個滿臉自信的男孩，忍不住說：「是嗎？好啊！不過我得先看看你寫了些什麼。」

只見她打開了字條，接著忍不住笑了出聲：「好，你等等啊！」

女秘書果眞答應了佛瑞迪的要求，將字條送進了老闆的辦公室，老闆看了字條也忍不住大笑一聲，還連聲說「好」。

最後，佛瑞迪果眞得到了這份工作，而且頗受老闆的器重。

佛瑞迪的字條其實也沒什麼，紙上只不過簡單寫著：「您好，我排在隊伍中的第二十一位，在您還沒看到我之前，請不要有任何決定。」

當你讀到佛瑞迪的字條時，想必也忍不住會心一笑吧！

仔細地閱讀佛瑞迪的字條，相信你也看見了佛瑞迪的勇氣與機智了，然後我們也不得不承認：「**會動腦筋的人一定會成功。**」

對於一個充滿自信的人來說，沒有什麼事會難倒他，即使每個人都勸告他說「這條路一定困難重重」，他還是會堅定地告訴對方：「別擔心，我一定會獲得最後的成功！」

勇氣和決心、智慧與自信，無論哪一個組合都是成功者必備的條件，從佛瑞迪的身上，我們不僅看見了他的聰明，更預見了他的成功未來，雖然只是一份打工機會，然而他卻充分地展現了大將之風。

路是靠自己走出來的，機會更要靠自己去爭取，別再亦步亦趨地跟著別人走，偶爾跳開保守的規矩，動動你的聰明腦袋，機會便將直奔你的懷抱。

希望，就在你的手掌上

自己得到的每一次誇獎、鼓勵、讚美，甚至只是陌生人的一聲「謝謝」，都可以成為我們希望的支點。

希望能豐富我們的生命，因爲有希望，我們才能不斷地面對挫折及挑戰，也才能夠一直累積成長的經驗，充實自我的價值。

如果你能每天給自己一個小小的希望，不但可以讓你的生活充滿無限的活力，也可以藉著實現自己的希望，得到更多意想不到的快樂。

有一個被逆境困擾的女孩，覺得周圍的朋友，全都比自己幸運，不論工作或是學業都一帆風順。身處在這些幸運的朋友之間，相形之下，自己好像只是陪襯的附屬品而已。

女孩的這個想法，使她越來越消沈，每天自怨自艾，彷彿這個世界上所有的人都對不起她一樣。

老師看到女孩的改變，於是把她叫到辦公室，聽完她的困擾之後，笑著對女孩說：「舉起妳的手掌，對準太陽。」

女孩聽了老師的話雖然疑惑，但還是乖乖地照著老師的話做。

接著，老師問女孩：「妳看到了什麼？」

在燦爛的陽光下，女孩發現自己的手掌被太陽照得通紅，分不清到底是陽光照的，還是自己原本掌心的顏色。

老師溫和的對女孩說：「這就是希望啊，妳其實是一直擁有幸福的，只不過自己沒有發現而已。」

老師的話，讓女孩開始回想自己的生活存在著許多美好的事物，只是因爲自己只顧著注意自己沒有的，反而忽略了原本擁有的。

亞歷山大大帝率領希臘聯軍渡過達達尼爾海峽，遠征波斯帝國前夕，將自己的財產全部分給了手下的戰士。當有人問他給自己留下了什麼時，亞歷山大大帝只說了兩個字：「希望。」

其實，普通也有普通的樂趣，何必去爲了那些看起來很偉大的目標而自尋煩惱呢？有沒有想過，自己得到的每一次誇獎、鼓勵、讚美，甚至只是陌生人的一聲「謝謝」，都可以成爲我們希望的支點。

即使不能從旁人身上汲取什麼，伸出手掌，我們就可以看見希望。

希望是可以很簡單的，就在你的手掌上。

太過剛硬，只會不近人情

太過剛硬、冷漠態度，只會不近人情，偏見不論是用在別人身上或自己身上，都是一件不公平的事。

有一種刻板印象稱之爲「男子氣概」，這種印象，塑造了男孩子生活的主要方向，但是相對的也束縛了他們，有些男孩就爲了掩蓋自己心中那塊柔軟的感覺，而讓自己的日子變得不快樂。

其實，每個人的內心世界都是柔軟的，也都需要更多情感交流。懂得改變自己的態度，放下內心那些偏頗、自以爲是的認知，人生才有開闊的出路，不繼續沉陷於不快樂之中。

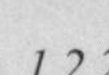

在吉默的家中，每一個人都不太輕易表露自己的情感，難得擁抱，也很少相互親吻、握手。因為，吉默的父親一向以「男子氣概」為榮，同時也以相同的標準要求自己的兒子。

他認為，擁抱和親吻這類的舉動，會讓人感到娘娘腔，所以，兩個人面對面的時候，一定要堅定、豪爽、無所畏懼地直視對方。

由於父親的「高壓統治」，吉默兄弟從小到大過得像軍隊裡的生活，只有紀律、紀律、紀律，沒有什麼人情味。

然而，吉默的心其實很柔軟，很羨慕同學們溫暖和善的家庭狀況。儘管隨著年歲增長，父親強硬的態度已有軟化的跡象，但是吉默就連「爸爸，我愛你」這幾個字都如鯁在喉，難以說出口。

直到四十六歲生日那天，吉默突然覺得有種想做些什麼的衝動，於是一路從自己的家散步了三十五英里遠，來到父母的家。

吉默腳步未停地走進父親的書房，對著七十多歲的老父親說：「父親，我有件事想對您說。」

坐在輪椅上，在書桌前工作的父親轉過身來望著他。

吉默說：「父親，我愛你。」而後就激動得說不出話來了。

他的父親拿下老花眼鏡，睜大了眼，仔細地看著他好一會，而後以沉穩如常的聲音說：「你來這裡，就只是要對我說這句話嗎？你眞的不用特地跑這麼遠，不過，我也要告訴你，我聽到這句話，感到非常高興。」

吉默發現父親的眼眶有著濕潤的淚光。他感到非常訝異，多年以來，他不曾看過父親落淚。因爲父親是堅強的，是不流眼淚的。

一時間，他管不住自己的行動，走過去一把抱住父親，父子兩人第一次如此接近，而後他們有了生平第一次最親密的談話。言談之中，吉默第一次了解父親的過往，也體會了外表嚴肅的父親心裡想些什麼。

這一段失而復得的父子情，因爲吉默的嘗試而有了不一樣的改變。

其實，人類的內心終究流著溫熱的血液，所有的冷漠表象，都是一再壓抑和冷卻的結果。

一個喜怒不形於色的人，確實相對不容易被人發覺弱點，但是，把所有人情溫暖都隔絕在外，最後那個人的心只會充滿寂寞。

將別人隔絕在心門之外，或許可以保有自己的安全小室，但也得不到任何形式的支援，不是嗎？自我封閉或許可以形成某種保護，但也意味著阻斷外援，就像一部無法上網的電腦。

男兒氣概是一種勇氣的表現，但男兒氣概卻不該是一個人的全部。太過剛硬、冷漠態度，只會不近人情，偏見不論是用在別人身上或自己身上，都是一件不公平的事。

態度嚴謹自然能呈現完美

所謂的追求完美只是一種態度，沒有人能確切地說出完美的標準，我們唯一能列出的完美標準，只有「好還要更好」。

散漫的人無法摘到甜美的果實，因爲以漫不經心的態度對待事物，他們總是挑到最爛的果實。

反之，嚴謹的人從不輕易地摘取果實，因爲他們嚴選辛苦栽種的成果，要手中摘下的每一顆果實都是最佳首選！

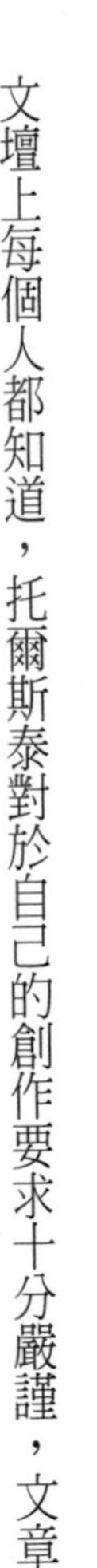

文壇上每個人都知道，托爾斯泰對於自己的創作要求十分嚴謹，文章準備刊登在報紙前，都會要求親自校對。

每當編輯們一聽說托爾斯泰要校稿時，無不個個繃緊神經，因爲稿子只要一回到他的手中，即使已經是最後校對工作，也可能要拖上好幾個月。

例如，《安娜小傳》的藍圖在回到托爾斯泰的手中後，紙張上便出現了許多符號，剛開始文句旁邊的文字增減尚能辨識，但是隨著大師的修改次數越來越多，到最後連原來的底稿文字都難以辨識了。

幸好，托爾斯泰的夫人看得懂他的文字與慣用符號，等他寫完一份稿子後，立即重新謄寫。

但是，別以爲謄寫完後就沒事了，第二天早上，托爾斯泰夫人又將再抄寫一次。因爲，工作嚴謹的托爾斯泰，已經在新謄好的稿紙上又添上了許多新的符號與塗改痕跡，辛苦的托爾斯泰夫人因爲丈夫一再的修改，必須重新謄寫一遍又一遍。

於是，改字修句的工作一再地重複著，也讓交稿的時間越拖越長，而編輯

們爲此也得一再地修正刊登日期，甚至有時候都已經交稿了，托爾斯泰還會忽然想起有幾個字要修改，而立即撥電話請報社編輯幫他更正。

這就是作家托爾斯泰的文字態度，也是他嚴謹的人生態度，這樣的創作堅持讓他有足夠的耐力與毅力，以七年的時間與改寫八遍的次數，完成世人十分喜愛的史詩巨著《戰爭與和平》。

據說，這本書的每一個章節都有七個版本，在托爾斯泰幾度修正後，最後才決定今天流傳的版本。

其他，像是《生活的道路》一書，他光是爲了寫出好的序言，便寫下了近一百篇的草稿；另一篇名爲《爲克萊塞爾樂章而作》的短文，最後選定要發表的內文僅有五頁，但散落在他桌面上的手稿卻超過了八百頁。

這是托爾斯泰的創作熱情與執著，在他的日記本中曾經寫了這麼一段話告誡自己：「你必須永遠丟棄『寫作可以不修改』的想法，因爲即使改了三遍、四遍都不夠！」

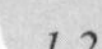

因爲修一遍不夠便要再修第二遍的嚴謹態度，讓世人對托爾斯泰的作品推崇備至；因爲對創作的使命與堅持，讓托爾斯泰的作品充滿了生命張力。無論時空環境怎麼變動，也無論讀者閱讀了多少次，他的作品總是能不斷地給讀者新的啓發。

這是托爾斯泰的創作堅持，也是我們必須學習的人生態度。

要怎樣才能呈現完美？托爾斯泰在文中點出：「沒有人能真正地達到完美，但是我們仍然要力求完美！」

其實，所謂的追求完美只是一種態度，沒有人能確切地說出完美的標準，因爲標準因人而異，我們唯一能列出的完美標準，只有「好還要更好」，一如托爾斯泰在日記本裡提醒自己的。

4.

不甘於平凡，就有可能不平凡

人生在世總有道不完的苦處，

只有不怕吃苦的人才有苦盡甘來的時候。

態度決定你的人生高度，

只要下定決心改變，機會就會出現。

不要讓眼前的遭遇束縛自己的未來

維克多．弗蘭克說：「生命當中，只有一種東西是不可剝奪的，那就不管在什麼情況下，你都有選擇自己態度的自由，選擇如何面對未來的自由。」

很多人會說人生充滿無奈，大部分時候根本由不得自己去做選擇，因而把一切都歸諸於機遇。

你也是這麼宿命地認爲嗎？

其實，機會是人創造出來的，還是老天註定好的，本身就是一種選擇，你可以選擇聽天由命，也可以選擇跳脫命運的束縛。

國際著名的精神分析專家維克多．弗蘭克，由於猶太人的血統，在第二次世界大戰時曾被關進德國集中營。

他曾是傳統心理學派下長大的宿命論者。傳統心理學派認為，一個人的品格和性格從小就已經奠定，而且也會決定人的一生，人的造化在出生之時就大勢已定，永遠也走不出這個定數。

弗蘭克被關進納粹集中營後，遭受到種種凌虐，他的父母、兄弟和妻子，不是死於集中營裡就是被送進了毒氣室。弗蘭克時常遭到拷打和侮辱，心裡也擔心著自己不知道什麼時候會走進毒氣室。

一天，當他被剝去衣服，單獨囚禁在一間窄小的牢房裡，在驚慌失措的冥思時，開始意識到了自己還擁有「人類最後一點自由」，這種自由是蓋世太保無法剝奪的。

蓋世太保可以控制他的生存環境，他們可以對他的肉體百般凌辱，但是無

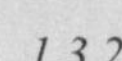

法剝奪他的思想，他可以像一個旁觀者那樣注視著自己正陷入的境遇。

他可以由內心來決定如何面對這一切，在他身上發生的事情，不管如何屈辱、悲慘，他都可以選擇自己要做出哪種回應。

每當遇到殘酷的虐待，弗蘭克就會設想自己處在不同的環境中，想像自己從集中營脫困出來，或是想像和家人團聚的景況。他試著改變、調適自己，告訴自己一定還有機會，因爲他的思維能自由飛翔。

通過這樣的自我鍛鍊，漸漸地，他覺得自己比看守他的納粹獄卒具有更多的自由。因爲他發現，表面上這些獄卒可以行動自由，但是在心靈上他們卻是被囚禁的。也因此，他成爲周圍囚犯的力量源泉，幫助同伴尋找到受苦的意義，尋找到活下去的勇氣。

二次大戰後，重獲自由的維克多．弗蘭克說：「生命當中，只有一種東西是不可剝奪的，那就不管在什麼情況下，你都有選擇自己態度的自由，選擇如

何面對未來的自由。」

確實如此，任何時候我們都可以自由的選擇，對於生活我們也有選擇的權利，選擇改變平庸的生活，選擇生命如何過得精采。

相信自己就是生活的主宰，知道自己必須掌握生活的主導權，就能做下每一個影響未來的決定。

也許，你有一段難以言喻的不幸過去，但是千萬不要讓過去束縛你的未來。要記住，你的一生都掌握在自己的手裡，如果你不滿意現在的生活，那就趕快改變自己的生活態度，重新選擇自己的人生。

快樂的心境會感染別人

快樂的心境會感染別人，帶給自己和他人快樂的事物，並不一定很昂貴，並不一定很難得，重要的是樂於分享的心情。

英國老政治家迪斯雷里曾經說過一句名言：「人類難以控制環境，然而，卻能掌控自己的心境。」

我們身處什麼樣的環境，也許不是由我們決定和掌握，但是，只要我們願意讓自己快樂，絕對可以藉由快樂的心境感染別人。

有時候，我們會因爲自己的匱乏而不開心，會因爲自己的失去而難過。可是，我們也會因爲一點小小的獲得而感到開懷，而且當心裡的快樂積聚到一定

的程度，會迫不及待地想與他人分享。

有個女孩結婚以後，就隨著丈夫一起搬到離家約八百英里地方。那麼遠的距離，回娘家的機會自然不多，和父母親相見變得極為難得。

有一年的母親節，她打電話回家問候。能夠聽到母親的聲音，自然很令她開心，但是聽見母親絮絮叨叨地說院子裡的丁香開得多好時，她的眼淚忍不住落了下來。

一想起自己已經很久沒有聞過滿園丁香的芬芳香氣，想家的情緒頓時在心頭蔓延；悵然若失掛上電話，她的心裡仍然不能平復，想著想著就坐在廚房裡低聲地哭著。

她的丈夫聽見哭聲，不禁詢問她傷心難過的原因。聽完以後，丈夫突地站起，拿起車鑰匙，要她更衣換鞋，順便幫孩子準備準備，全家隨即出發，沿著羅德島北岸行駛。

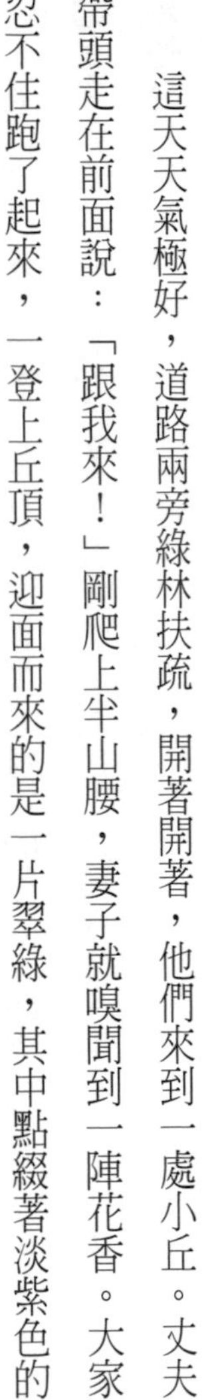

這天天氣極好，道路兩旁綠林扶疏，開著開著，他們來到一處小丘。丈夫帶頭走在前面說：「跟我來！」剛爬上半山腰，妻子就嗅聞到一陣花香。大家忍不住跑了起來，一登上丘頂，迎面而來的是一片翠綠，其中點綴著淡紫色的花朵。

妻子興奮地把臉埋在花叢裡，盡情地陶醉在迷人的花香之中。他們摘了一朵又一朵丁香花，每個人都捧了滿懷，全身都沾染了丁香的芬芳。

他們載了滿車的花香回家，就在快到家的時候，路經一家療養院，院前的草坪上，有幾個坐著輪椅的老太太正在曬太陽。

妻子突然要丈夫停下車，然後跑進了那家療養院的草坪，把懷裡的丁香花分送給那幾位老太太。看見本來茫然地呆望前方的老太太們，因爲突然出現在膝頭的花朵而綻露微笑，妻子臉上的笑容變得更加燦爛。

她揮著手回到車裡，孩子們好奇地問：「媽媽，妳認識她們啊？不然，爲什麼要把花送給她們？」

妻子回答：「不，我不認識她們。在母親節這樣的日子裡，她們卻沒有人

陪她們一起度過，表情看起來那麼寂寞。我有你們的愛，也有我媽媽給我的愛，我想讓她們知道，我有好多的愛可以分享給她們。我也很想把花送給我的媽媽，但是她住的地方太遠了。」

隔天，丈夫回家的時候，又帶回了幾株丁香的花種，就種植在院子的四周。現在，每年一到五月，家裡的院子就洋溢著丁香花的香味；而每到了母親節，孩子們就會採集院子裡的丁香花，爲路過的每一位母親微笑祝賀。

這個女孩從被父母疼愛的女兒變成被丈夫疼愛的妻子，過程中有所失去，也有所獲得。她離家展開了新的生命旅程，也被迫離開原本緊密連結的成長環境；她樂意接受新的生活，但也感傷自己不得不勇敢割捨的過去。這種情緒，想必是不少女人心中的感受。

再怎麼想念，娘家也不可能天天回去，再怎麼想對父母撒嬌，有些責任還是要兼顧，女人終究得在自己的家庭裡安身立命。

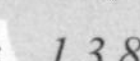

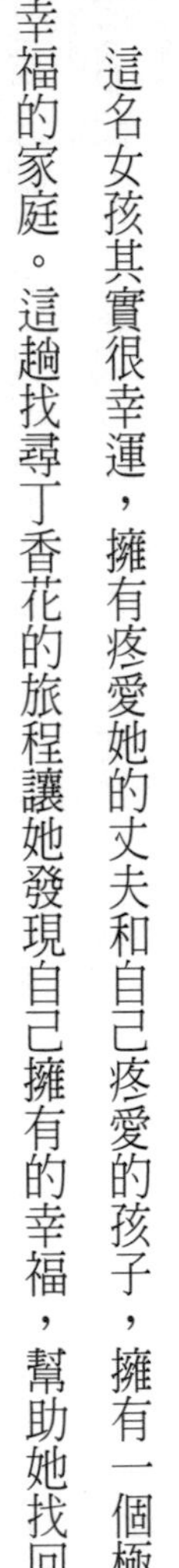

這名女孩其實很幸運，擁有疼愛她的丈夫和自己疼愛的孩子，擁有一個極爲幸福的家庭。這趟找尋丁香花的旅程讓她發現自己擁有的幸福，幫助她找回心中的快樂。

最可貴的是，在她感覺自己快樂滿溢的時刻，不忘分享自己的快樂。療養院裡的老太太們，或許兒女沒有空，或許兒女像女孩一樣思念母親，恨不得飛奔前來待在她們身邊，但終究是不能。女孩把手裡的丁香分送出去，讓花香不只沾染他們一家的快樂，同時也把更多快樂發散出去。

快樂的心境會感染別人，帶給自己和他人快樂的事物，並不一定很昂貴，並不一定很難得，也許只是一朵小小的鮮花和幾句問候而已，重要的是樂於分享的心情。

不甘於平凡，就有可能不平凡

人生在世總有道不完的苦處，只有不怕吃苦的人才有苦盡甘來的時候。態度決定你的人生高度，只要下定決心改變，機會就會出現。

成功學大師戴爾．卡耐基曾說：「人在身處困境時，適應環境的能力，通常比在順境時更為驚人。」

只要是人，都具備忍受不幸、戰勝困境的能力，重點就在於感覺痛苦之時，能不能適時改變態度，將驚人潛力發揮出來，幫助自己走出困境。

我們可能很脆弱，但只要我們有決心，就一定能變得堅強；我們可能不富有，但只要有足夠的毅力，必定可以讓自己脫離貧窮。

亞藍．米穆出生在非常貧窮的家庭，從小就非常喜歡運動，只要是和運動相關的課程，都有相當優秀的表現。

但是，很可悲的是，所有和運動相關的活動，背後都需要金錢支撐，米穆即使很想在運動界展現抱負，但其實有很多運動都沒有辦法加入，因爲他連球具、球衣、球鞋都沒有。

家裡窮得都沒飯吃了，哪有可能讓他採買那些奢侈品？

踢足球的時候，米穆是光著腳踢的。他的母親好不容易省吃儉用幫他買了一雙帆布鞋，是讓他上學穿的，如果他穿著鞋踢球，勢必會快速磨損，到時不只沒鞋穿，還會被老爸揍得半死。

隨著米穆長大，日子並沒有轉好，反而變得更糟。小學畢業後，爲了生活，米穆到咖啡館當跑堂，賺取微薄的工資，但每天還是會花一點時間運動。他選擇跑步，因爲跑步是唯一不需要額外開銷的運動。

每天上班前，米穆都不停地跑步，後來參加法國田徑賽一萬公尺長跑，獲得了季軍獎盃。第二天，他又參加五千公尺比賽，更得到了第二名，也因此爭取到參加倫敦奧林匹克運動會的參賽資格。

從此，米穆一路跑向世界競賽殿堂，獲得倫敦奧運一萬公尺長跑亞軍、赫爾辛基奧運五千公尺亞軍，以及墨爾本奧運馬拉松競賽冠軍。

這段歷程裡，米穆走得並不順遂，由於膚色的關係，許多人並不認爲他是法國人，甚至有人在他獲得亞軍的時候，嗤笑地說：「那個第二名是誰啊？肯定是個北非人，你瞧，他們就是因爲天氣太熱了才會跑得那麼快。」但是，種種的冷嘲熱諷，米穆都放在心底，不讓自己被那些惡毒的言語擊垮。

米穆靠著自己的力量一路往前跑，終於跑出了聲名。能夠連續三屆代表法國出賽奧運，並且奪得獎牌，這在運動界是相當難得的殊榮。

後來，米穆獲得了法國國家體育學院的聘書，得以擔任體育教師，協助國家培訓更多有潛質的選手。他不再需要到咖啡店工作，不用再每天天未亮就起床練習長跑，但是回味起曾經歷經過的辛苦，他總是說：「我喜歡咖啡的滋味，

喜歡那種香醇，也熱愛那種苦澀。」就好像他的人生歷程，歷經幾番苦澀的煎熬，終於得以品味苦盡甘來的香醇。

人生在世總有道不完的苦處，只有不怕吃苦的人才有苦盡甘來的時候。米穆的人生經歷給我們一個啓示，只要你不甘於平凡，你就有可能會不平凡；當別人看輕你、環境折磨你的時候，就是你自我砥礪的時刻。

人必須對自己負責，想要過什麼樣的人生，就靠自己的力量追求；想朝哪個方向發展，就引領自己的腳步前往。

只會站在原地等別人伸手拉一把，未免太過於消極，相對也會減低別人給你機會的意願。

態度決定你的人生高度，只要下定決心改變，機會就會出現。

想成功，就得爲自己設下努力方向，只要選定了目標，即使有人將你擊落谷底，你還是有機會攀上山頂。

成功的跳板就在我們身邊

只要我們的企圖心強，只要我們的膽識過人，只要我們的智慧充實，那麼，許多人事物都會是我們的成功跳板。

現實生活中，很多人都感慨自己欠缺機會。對這種說法，英國詩人約翰．戴維斯很不以爲然，他曾經這麼寫道：「錯誤堵塞心靈的窗戶時，我們還有什麼判斷力？還有什麼辨別力？」

機會眞的看不見嗎？還是你總是退縮，害怕前進呢？

其實，每個人都有許多機會。只是因爲個人的膽識與能力不同，而讓原本均等分配在你我手中的機會，在悟性不足或探尋不力的情況下，發生老是等不到機會的窘況。

在二次大戰期間，德軍佔領的芬蘭北方，出現了一個神秘的游擊組織，那是由英國飛行員約翰尼所領導的反抗組織，由於他好幾次突擊成功，他很快地便成爲當地的英雄人物。

直到芬蘭解放後，盟軍開始尋找這位神秘的英雄人物，然而根據官方的調查顯示，約翰尼在德軍退守前便因病去世了。

最讓人難以置信的是，英國皇家空軍最後還發現，在他們的飛行員名單中，居然沒有約翰尼這個名字存在。

但是，爲什麼這個名叫約翰尼的人事蹟卻如此普遍地流傳著呢？

後來，這個反納粹組織的游擊隊員也對外公開表示：「老實說，我們從未見過我們的領袖。」

「你們沒有見過約翰尼，那麼你們怎麼知道他的指令與計劃呢？」

「一切行動，全由一位名叫安妮的小女孩傳達。」

後來，盟軍找到了安妮，也終於弄清了事情的眞相。

原來，安妮和弟弟一直很想參加當地的游擊隊，但因爲年紀太小，沒有人願意答應他們。

直到有一天晚上，他們在家門口發現了一位受重傷的英國皇家飛行員，很高興自己終於有機會參與這項抗戰任務。

儘管這兩個孩子盡心盡力地照顧這位飛行員，但他實在受傷太嚴重，最後還是因傷勢過重而去世了。

姐弟倆第一次面對死亡，十分傷心，然而就在這個時候，小弟弟竟天眞地說：「如果飛行員不死，他就能領導我們展開反抗運動了。」

安妮聽見弟弟的話，忽然心生一個念頭：「嗯，雖然他已經死了，但是我們仍可運用他的名義，展開抗戰行動。」

於是，姐弟倆將飛行員的遺物和證件收好，並積極策劃一個游擊小組，接著便對外聲稱，這個是由英國皇家飛行員領導的組織：「爲了保護領導者的安

全，將由我們姐弟倆執行訊息的傳遞。」

因爲有飛行員的證件，也因爲他們姐弟倆只是個傳聲員，所以人們很快地便相信他們的話；原本缺乏援助的游擊隊，一聽見有英國的皇家飛行員挺身當他們的領導，一下子便凝聚了人氣，也增加了大家的信心。

一時間，士氣大振，游擊隊多次出擊令德軍連連敗退，最後終於成功地讓德軍退出芬蘭。

後來，盟軍領袖問安妮說：「妳爲什麼不親自出面呢？」

安妮認眞地說：「不行啦！我們只是鄉村小孩，連加入戰鬥小兵都不被接受了，如果我們出面組織游擊隊，有誰會相信我，願意跟我走呢？」

盟軍笑著說：「於是，你們就借用了『虛擬英雄』的力量來號召啊！」

安妮點了點頭，接著又不好意思地問：「這不算欺騙吧？」

積極救國的安妮，竟能勇敢地借用英雄之名，不僅充分表現出她的膽識，

更突顯出靈活的思維與積極的行動，將創造出一股無與倫比的巨大力量，而這也正是在混沌局勢中，擁有智慧與勇氣的人得以突圍而出的主因。

從安妮的成功經過中，我們也發現了一件事，仔細看看我們身邊的人事物，只要我們的企圖心強，只要我們的膽識過人，只要我們的智慧充實，那麼，許多人事物都會是我們的成功跳板。

生活的決定權在我們手中，事情能否迎刃而解，關鍵不在問題的難易程度，而是在我們是否有決心解決，又是否對自己的解決能力充分相信。只要這兩項都是肯定的，無論我們遇上什麼困難，也都能像安妮一般，緊緊把握住每一個躍向成功的機會。

連死神也怕咬緊牙關的人

能夠咬緊牙關走過艱難的人，在他們身上都有一股十分驚人的支持力量，那是擊敗厄運之神的重要武器。

傳說死神也怕咬緊牙關的人，那是不是代表命運就掌握在我們的手中，連奇蹟也掌握在我們手中嗎？

是的，只要你能微笑地面對生活中的低潮，能笑著走過生命中最艱困的日子，那麼讓人驚嘆的奇蹟便會發生在你身上。

羅伯特和瑪麗終於攀爬到了山頂，一同站在山峰上眺望。

羅伯特忍不住讚嘆：「親愛的，妳看山下的那座城市，在陽光的照耀下竟是如此美麗！」

瑪麗開心地仰起了頭，跟著也驚呼：「你看，那藍天上的白雲，你感覺到了嗎？這兒的風好柔軟啊！」

兩個人開心得像孩子般，手舞足蹈起來，但是就在他們開心得忘形時，悲劇竟在這個時候發生。

羅伯特一躍竟一腳踩空，高大的身軀頓時被甩了出去，旋即便朝著萬丈深淵滑了出去。

眼看丈夫就要墜入深淵，正蹲在地上拍攝風景的瑪麗，連思考的時間都沒有，便下意識地一口咬住丈夫的上衣，倉促之間，雙手正巧緊緊地抱住立在她身邊的一棵樹。

眼前的景象是，懸在空中的羅伯特，正由兩排潔白的牙齒拉住，危急的情景像幅畫般，定格在高空崖邊，令人震懾。

因爲承受了極重的力量，瑪麗脆弱的牙齒開始動搖，慢慢地滲出了鮮血。但是，世界眞的有奇蹟，因爲瑪麗最後不僅撐過了這個痛苦的難關，也救回了丈夫的性命。

有人問瑪麗：「妳怎麼能撐那麼長的時間啊？」

瑪麗張開缺了幾顆牙的嘴，說：「我也不知道，當時在我腦子裡只有一個念頭：『我絕不能鬆口，否則羅伯特肯定會死！』」

這個奇蹟般的事蹟很快傳遍了各地，有人下了評註說：「看來，死神很怕『咬緊牙關』的人！」

相當震懾人心的故事，想像著瑪麗懸在半空中並緊咬著丈夫的畫面，閱讀至此，一定有許多人的情緒都跟著繃緊起來。

在那個剎那間，我們都看見了生命的潛能，那是在非常時刻才被激發出來的無限潛能！

死神確實害怕咬緊牙關的人，因爲能夠咬緊牙關走過艱難的人，在他們身上都有一股十分驚人的支持力量，那是擊敗厄運之神的重要武器，也是保護自己不受困厄擊倒的重要盾牌。

再怎麼辛苦，我們都不能輕易放棄，因爲沒有人可以測量出我們身上的眞正潛能，我們唯一可以確定的是：「只要我們能咬緊牙關，無論遇上了多麼艱困的險境，都一定能走過。」

勇氣是成就未來的最佳利器

沒有試過，我們永遠也不知道，前面看似搖搖欲墜的吊橋，原來沒有想像中那麼危險，更是我們踏入成功的最佳捷徑。

一個有勇氣與責任感的人，不管什麼樣的工作交到他的手中，都一定能順利完成，即使遇上麻煩也必定能逢凶化吉，化險爲夷。

所以，如果你也是個充滿好奇心且勇於面對的人，現在不妨給自己多一點行動與探索的勇氣吧！

有一間行銷公司的總經理正向員工們叮嚀一件事：「你們到八樓時，別走進那間沒有掛上門牌的房間，知道嗎？」

「是！」雖然老闆並沒有解釋原因，但員工們還是全部乖乖地答應。

一個月後，八樓那個房間果眞從未有人開門進去，在此同時，公司又新招聘了一批員工，而總經理也再次地向新進員工叮嚀一次。

只是，這回卻有個年輕人嘀咕著：「爲什麼呢？那裡該不會藏了什麼不可告人的秘密吧？」

當年輕人提出質疑時，總經理並未加以解釋，只是簡單地回答：「沒有什麼特別的理由。」

這樣的答案當然解決不了年輕人的好奇心，他回到位子後仍然困惑著：「既然沒有什麼特殊原因，爲什麼不能進去呢？」

坐在他身邊的資深員工便勸他：「做好你自己的事就對了，其他的事就別再多想，乖乖聽總經理的話準沒錯。」

「是嗎？」年輕人滿臉不以爲然地看著同事，這時他已經打定主意一定要

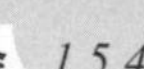

去「一探究竟」。

到了傍晚，年輕人趁著大家正忙於下班的緊張時刻，一派自然地走到了八樓，只見他隨手敲了敲「神秘之門」，卻見門被敲了開來，原來這個門只是虛掩，根本沒有上鎖。

「這個情況會有什麼秘密呢？」年輕人完全摸不著頭緒地思索著。

他走進門，卻見屋子裡什麼東西都沒有，只有一張紙牌掛在牆上，上面寫有幾個鮮紅的字跡：「請把這張紙牌交給總經理。」

沒想到，年輕人眞的拿下了紙牌，直接朝總經理室走去。

這時，同事們知道他「闖禍」了，紛紛勸阻他：「喂，你快把紙牌放回原位吧！我們會幫你保守密秘的。」

但是，年輕人卻搖了搖頭說：「不行，既然我敢違反規定走進去，就要爲自己的行爲負責，上面既然寫明了要交給總經理，那我就得送去給他，其他的就任憑處置。」

但令人意外的是，當大家以爲年輕人恐怕要被革職的時候，總經理居然走

出來宣佈：「從今天開始，約翰調升爲行銷經理。」

才剛剛踏入職場的約翰一聽，自己也吃驚地問：「因爲這個紙牌嗎？」

總經理點頭說：「是的，我已經等了這個紙牌快半年。總之，我相信你一定能勝任這項職務。」

既有勇氣又有責任感的約翰，果然不負總經理的賞識，半年內便讓銷售部門的成績創下最佳紀錄。

從約翰的身上我們看見的不只是好奇心，還有他敢於挖掘問題的勇氣，以及讓他成功接下重任的負責態度。

或許有人要質疑，故事的結果會不會恰好相反，約翰非但無法升遷，更有可能因此丟掉工作。

不過，只要我們換個角度想，便能否定這個假設。

因爲，一個能勇往直前的人即使丟掉了機會，很快地，他便能找到另一個

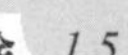

機會，一個勇於承擔責任而不逃避的人即使違規，聰明的主管也會因爲他勇於面對的責任感，而再給對方一次機會的！

如果我們眞有才能，就不該只會唯唯諾諾，聽主管說一句自己才動一步，有爲者不僅要懂得舉一反三，更要比別人具有遠見與實踐勇氣，即使明知前方危機重重，也要大膽嘗試。

因爲，沒有試過，我們永遠也不知道，前面看似搖搖欲墜的吊橋，原來沒有想像中那麼危險，更是我們踏入成功的最佳捷徑。

垂頭喪氣，如何找出生機？

不要把時間浪費在抱怨的情緒中，那不僅會讓人更加迷失，還會讓人越來越失去信心，在關鍵時候放棄自己。

有位美國學者曾經這麼說：「人生的目的只有兩件事：第一件是得到你想要的，第二件是得到之後要好好地享受它。不過，通常只有最聰明的人才能做到第二點。」

人生的目標確實只有這兩項，只是多數人在尚未達到目標前，便不耐煩地發出牢騷與埋怨，以致目標難以達成；即使目標已經達成，卻因人心貪婪，讓生命真正的樂趣一直囚困於追逐的疲憊中。

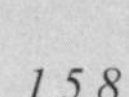

愛波在一九三四年春天，因爲一個親眼目睹的景象，讓他的人生完全改變。那年，因爲一場金融風暴，他經營好幾年，好不容易終於有了一點成績的公司，頓時間化爲烏有。

當時負債累累的他，頹喪地走在街上，無精打采地想著：「我該怎麼辦？我要到哪裡找錢來還債啊？老天爺，你爲何要這樣捉弄我？」

當時，他正走出銀行，已經做了要回家鄉打工的準備，因爲在這個城市裡，他不知道自己還有什麼樣的機會。

愛波的步伐相當沉重，幾乎是用拖行的方式前進，受到嚴重打擊的他，已經完全失去了信念和鬥志。忽然，垂頭喪氣的他一個不小心撞上了迎面而來的一個人，愛波自然而然地說：「對不起！」

在此同時，眼前的這個人卻給了他一個開朗的回應：「早啊，先生，今天天氣很好，不是嗎？」

愛波一聽，這才抬起頭仔細看看他的「巧遇」。

也許是上帝聽見了他的呼喊，所以派了這樣一位天使來救他，因爲眼前是一個失去雙腿的男子，他坐在一塊裝有輪子的木板上，用著尚存的一雙手藉著輪子的滑動，奮力地沿街推進。

當他滿臉笑容地對著愛波時，愛波整個人完全被震懾住了，像是被定住了一般，在街角停格，心中不斷地湧現出一種刺激：「他沒有腿，卻能如此快樂、自信，我有腿，應該比他更快樂、自信，不是嗎？」

「我很富有的，不是嗎？我還有雙腿可以自由前進，我爲什麼就看不見陽光呢？我一定要重新振作，我一定可以看見自己的陽光，跌一次跤算得了什麼，勇氣始終都在我身上，不是嗎？」

原本準備回鄉的愛波，決定繼續留在這個競爭激烈的大城市。憑著重新找回的信心和毅力，很快地，愛波找到了工作，也重新展開他的新生活。

看著故事中失去雙腿的殘障人物，仍然願意帶著微笑，笑看他的人生，回頭審視四肢健全的自己，你是否也感受到「不願面對自己」的羞愧？

曾經有個在太平洋上漂流了二十一天的男子，獲得救援後對朋友說：「在這次經驗中，我所得到最大的教訓是，只要有淡水就喝，只要有食物就吃，絕不浪費時間埋怨任何東西。」

不要把時間浪費在抱怨的情緒中，那不僅會讓人更加迷失，還會讓人越來越失去信心，更甚者還會讓人在關鍵時候放棄自己。

其實，只要人還活著，機會就還在，即使迷失在海洋中，只要手中還有一滴淡水可以喝，還有一口乾麵包可以吃，那麼我們都應該要滿心感激、好好珍惜，不該頹喪、放棄。態度決定你的高度，生活的決定權始終都在我們的手中，即使跌得再深，我們仍然能找到一線生機。

除了速度，你還需要耐力

每個人的能力有限，你不一定是跑得最快的那一個人，但是你一定要有耐心，跑完全程。

現代人凡事都講求速度，心理的速度、流行的速度、消費的速度、浮光掠影的速度、走馬看花的速度，似乎非要能把握「快、狠、準」這個原則，才能稱爲現代人。

但是，你知道嗎？速度快未必就是好，因爲，如果缺乏耐性，那麼除了速度之外，你什麼也沒得到。

一位著名的長跑教練到陌生的城鎮物色年輕的選手，其中有個男孩潛力十足，引起了他極大的關注，教練把自己的電話號碼留給這個男孩，囑咐他當天下午打個電話給他。

到了下午，教練的電話響了，可是只響了六聲就沒了。

過了一會兒，電話鈴又響了，這一次，響了七聲。

第三次，電話鈴才響了一聲，教練就立刻把電話接起來。一聽，果然是那個男孩打來的。

教練接著問他，前面幾次電話是不是他打的，男孩承認了，所以，教練決定不收這個孩子做自己的隊員。

他說，電話鈴聲一般是響了十下之後沒有回應才掛斷的，可是那個男孩撥了三次電話，前兩次都是響沒幾聲就中途掛掉，之後再重撥，如果不是他不懂禮貌，就是他非常沒有耐性。他強調，「禮貌」和「耐性」等於是一個長跑選

手的生命，因爲懂禮貌，所以能夠貫徹運動家精神；因爲有耐性，所以可以堅持到最後一分鐘。

頭兩次，教練故意不馬上接起來，爲的就是想考驗一下對方的耐性。結果男孩令他很失望，連幾秒鐘都不願意等待了，哪能指望他去跑馬拉松嗎？

長跑眞是一種吊詭的比賽，一方面比誰跑得最快，另一方面又要比誰撐得最久，與速度抗衡的，就是耐性。

所謂的第一，不是現在的第一，而是最後的第一。有記者訪問前美國總統柯林頓，「當總統最需要什麼？」柯林頓回答：「是耐心。」

因爲有耐心，所以可以泰山崩於前而面不改；因爲有耐心，所以可以和對手周旋到最後一分鐘；因爲耐心，所以沈著，所以聰明。

每個人的能力有限，你不一定是跑得最快的那一個人，但是你一定要有耐心跑完全程。

每一個孩子，都需要父母關注

親子互動間的差別待遇，往往是兄弟姐妹之間爭吵的重要關鍵，父母必須要多為自己的孩子設想，盡量達到公平，才不會多起紛爭。

成人在教育小孩的時候，經常遭遇到的最大問題是，不知道小孩心裡在想些什麼，以及如何體會小孩的感受和情緒。

無論年紀大小，每個孩子都需要父母的關愛。父母親要學會以各種不同的方式，適時展現自己對每個孩子的重視和關心，這樣，才不會使得某些小孩在長期缺乏關注的情況下，有了異常行爲出現。

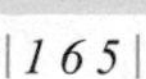

有一天，柯維決定帶著兩個兒子一起來一趟「男人的旅行」，於是安排了一系列只有他們父子參加的活動。他帶著孩子去看體操表演和拳擊比賽，只要孩子想吃東西他就買，最後還一起看了一部兒童愛看的喜劇片。

儘管柯維從電影一開場就無聊得想睡覺，但還是覺得自己安排的這一系列活動，對於增進父子情感很有幫助。

電影到一半，四歲的小兒子蕭恩因爲體力不支，坐在椅子上睡著了，於是柯維便把他抱到自己的腿上。電影看完以後，柯維把蕭恩安置在後座，因爲晚上很冷，便脫下外套蓋在他身上。

坐在前座的大兒子史蒂芬一路都異常得沉默，柯維不禁想，難道他並不覺得今天過得很開心？

車子裡的氣氛悶到最高點，柯維強迫自己一定要沉住氣，不可以發脾氣。他看得出來史蒂芬有心事，但不明白什麼地方出了差錯，一整天大家不是都玩

得很開心嗎？

回到家，柯維先把蕭恩送上床。等到史蒂芬換妥睡衣，刷好牙，柯維已經在他的房間裡等他。

柯維躺在史蒂芬身邊，把他摟進懷裡，問：「史蒂芬，你覺得今天晚上過得如何？」

史蒂芬小聲地說：「還可以。」

柯維繼續問：「那你開心嗎？」

史蒂芬仍然說：「還可以。」

柯維又問：「那你最喜歡的是什麼？」

史蒂芬久久沒有回答，柯維感覺到懷裡的小小身體正在顫抖著，而後聽見兒子抽噎哭泣的聲音。

柯維把他抱轉過正面來，問道：「史蒂芬，怎麼了，你哭什麼？」

史蒂芬撇著嘴，滿臉淚痕，哽咽地問：「爸爸，要是我覺得冷的話，你也會給我蓋外套嗎？」

原來，再怎麼有趣的活動，也比不上父親下意識的關愛舉動。史蒂芬一整天下來當然很開心，但是，他發現父親在不自覺的情況下，特別照顧較年小的弟弟，當然會覺得自己受到冷落。他並沒有想要爭寵的意思，只是希望同樣能夠獲得父親的關愛。

較大的孩子，通常是父母親的小幫手，樂意幫忙照顧弟妹。由於他們懂事，常常會讓父母忘記了，他們其實也不過大了幾歲而已。

親子互動間的差別待遇，往往是兄弟姐妹之間爭吵的重要關鍵，父母必須要多為自己的孩子設想，盡量達到公平，才不會多起紛爭。

改變態度，才會過得幸福

每個人都有自己的行為模式，

在愛情裡的空間，

能夠相互體諒、相互配合，

才是莫大的福氣。

改變心態，就能活得快樂自在

英國詩人作家馬．阿諾德在《逆來順受》一書中曾說：「征服命運的，常常是那些不等待機遇恩賜的人。」

幽默作家蕭伯納常對那些抱怨環境不順的人說：「人們時常抱怨自己的環境不順利，使他們沒有什麼成就。但是，我討厭這種說法，假如你遍尋不到所要的環境，為什麼不自己創造一個出來！」

的確，只要你勇於創造自己想要的環境，就會成爲自己生命的主人。

發明電話的亞歷山大．貝爾，年輕的時候，有一次向朋友亞瑟．亨利抱怨自己的工作很不順利，並且認為，那些不順利完全是由於自己缺乏電機方面的知識所造成的。

當時，亞瑟．亨利是華盛頓區一家理工學院的校長，心平氣和地聽完貝爾拉拉雜雜的抱怨，但並沒有安慰他，只是簡短地告訴他：「去讀啊！」

這個簡短的回答讓貝爾大感意外，因為自己只顧著到處找人吐苦水，從來沒想過自己其實可以克服遭遇到的困難。貝爾於是認真去攻讀有關電機的課程，後來還成了對傳播科學極有貢獻的發明家。

英國詩人作家馬．阿諾德在《逆來順受》一書中曾說：「征服命運的，常常是那些不等待機遇恩賜的人。」

美國總統胡佛是一名鐵匠的兒子，後來還成了流離失所的孤兒；IBM的董事華森，年輕時曾擔任過記事員，每星期只能賺兩塊錢美金；名製片家阿道夫．朱可曾經擔任的一名皮貨商助手，每星期也是只賺兩塊。

這些著名的成功人士之所以成就輝煌，是因為他們從來不認為貧窮和厄運

是他們的人生障礙，他們把全部的精力用在改善自己的境遇上面，完全沒有時間自怨自艾。

俄國作家契訶夫曾經寫道：「你知道才能是什麼意思嗎？那就是勇敢、開闊的思想，以及遠大的眼光。」

只有具備勇敢、開闊的思想，以及遠大的眼光，人才能用正面的角度面對原先讓自己嗟怨的困境，繼而走向更美好的地方。

歷史上，許多舉世聞名的人物都有著身體上的缺陷，例如詩人拜倫長有畸形腿，音樂家貝多芬後來因病成了聾子，莫札特患有肝病，當上美國總統的富蘭克林．羅斯福則患有小兒痲痺症；至於名教育家海倫凱勒則是從小又聾又瞎。這些名人的奮鬥故事，相信我們從小就耳熟能詳，只是爲什麼到了現在還不肯效法呢？

我們四肢健全，有得穿又吃得飽，卻老是抱怨東埋怨西，怪景氣不好，怪

別人不肯幫忙，爲什麼就是不肯反省自己？

不要抱怨命運和目前的處境，而該罵一罵自己爲什麼不肯積極生活。

你目前的生活是你自己決定如何過的，你目前的環境是你自己走出來的，想要讓自己活得快樂自在，你就必須先改變自己的生活態度，積極爲自己創造想要的環境。

找到自己的位置盡情演出

每個人都有自己的位置,把自己的角色表演到最好,就是我們來到這個世界最該做的事。

人無論進入哪個環境當中,都會想要讓自己處於優勢地位,這是理所當然的反應。

我們會喜歡和優秀的人事物連結在一起,以確保自己的優秀地位,一旦落入所謂非主流勢力當中的時候,就容易產生挫折感和排斥感。

其實,人生不僅僅是優與劣的競逐,每個人都有獨特的價值,我們該做的是找到自己的位置,然後盡情演出。

卡里娜在學校的成績一向不錯，她最好的朋友蜜西，更是班上名列前茅的風雲人物。

升上中學三年級的時候，班上來了一位新老師姓畢，負責教授世界史的課程。畢老師開學第一堂課的第一項工作，就是幫班上同學分組，同一組的同學得將課堂上學到的知識整合成一份小組報告。

畢老師發給每個人一張紙，請每一位同學寫下三個自己最喜歡朋友，讓老師做爲分組的依據，第二堂課時，老師會公佈每個小組的名單。

卡里娜和蜜西相視一笑，因爲她們知道只要把對方的名字寫上，就會被老師分配到同一組，好幾門課都是這樣。

可是，公佈分組名單的時候，卡里娜失望了，她非但沒有跟蜜西一組，而且分配在同一組的，都是平常完全沒有交集的同學。一個是連英語都說不好的外籍男生，一個是渾身髒兮兮、裙子長到拖地的女生，另一個則是整天奇裝異

服的女孩。

卡里娜覺得非常難過，因為她得一整個學期和這三個怪傢伙綁在一起。她決定去向老師抗議，希望老師能改變心意把她分配到蜜西那一組。

但是，畢老師並沒有滿足卡里娜的心願，而是對她這麼說：「卡里娜，別急著忿忿不平，用心去觀察，不久妳就會發現，妳的組員需要妳，而妳也需要他們。」

卡里娜對於老師的說法半信半疑，只能硬著頭皮，試著和其他三位組員互動，畢竟她並不想這一門課被當掉。

結果，幾堂課下來，卡里娜開始發現其他組員並不如她原先想的那樣一無是處。首先，英語不好的馬羅，並非頭腦很差，而是還沒有辦法很準確地用英語把他的想法表達出來，他的數理成績比班上任何一個人還要來得好。

至於，榮莉亞是因為家庭信仰的宗教緣故，不得不穿長裙活動，不修邊幅的她，對於機器儀器等方面的常識高得嚇人，常說自己以後要當一個賽車整備員，專門替賽車手維修賽車。

總是奇裝異服的瑞瓊，則有自己一套服裝理論，談起時尚話題時，講得頭頭是道，旁人幾乎插不上嘴。

相對的，卡里娜也有自己的風格，經過一段時間相處後，她慢慢發現自己可以在什麼地方幫助他們。在她積極連繫之下，四個人都發揮了自己的特質，分工合作的結果，他們這一組的報告成績獲得了A。

得到好成績，四個人自然都非常高興，不過，他們也打從心底佩服畢老師，因爲如果不是他，他們不會知道透過彼此合作、各自發揮竟然可以如此順利完成這個報告。要是他們也可以打分數的話，也會爲畢老師打上A。

我們生活在這個世上，每天看似和很多人共處，但事實上，我們關注的對象只有少數人。對於大部分不直接對我們造成影響的人，我們多半採取「視而不見」的態度。

我們不會在乎今天搭上公車的司機是什麼樣的人，也不會在乎公司旁邊便

利商店的店員是誰，更不會在乎今天打掃捷運站公廁的人是誰。然而，仔細想想，不正因爲這些人在自己的工作崗位上善盡職責，我們的生活才得以順利推展？

不要小看自己，也不要小看別人，每一個人的努力，都會爲別人帶來影響。身爲這個世界裡的一份子，每個人都有自己獨特的價值，或許，我們其中的某些人，幸運地獲得比較多的資源，但並不意謂著這些人就具有比較高的存在價值。

每個人都有自己的位置，把自己的角色表演到最好，就是我們來到這個世界最該做的事。

改變態度，才會過得幸福

每個人都有自己的行為模式，在愛情裡的空間，能夠相互體諒、相互配合，才是莫大的福氣。

有些人喜歡操控事物，有些人則不喜歡爲事情的發展傷腦筋，有些人喜歡發號施令，有些人喜歡聽命行事……

這世間什麼樣的人都有，性格不同的人可能因爲互補，相處起來分外合拍，但也可能觀念不合而鬧得雞飛狗跳。

因此，能夠遇上一個和自己在各方面都配合的朋友，即使做不成知己，也會讓人打從心裡覺得慶幸。

可是，一旦原本合拍的兩個人產生了競爭意識，那麼，「一定要贏過對方」的心態，就會在不自覺間形成一股壓力，根基不夠深厚的情誼，說不定就會因此而變質。

有一對夫妻雖然約定好大事丈夫管，小事老婆管，但什麼是大事，什麼是小事，老婆說了才算數，實際上掌控大局的是老婆。

有一天，丈夫與友人聊天，聊著聊著，就聊到了大丈夫威嚴的話題。他的律師朋友，意有所指地暗示他是個「妻管嚴」，更強調要是他再這麼讓老婆「作威作福」下去，最後可就一點男人的氣概都沒了。

他本來樂得什麼事都交給老婆管，但是，被朋友這麼一激，心裡很不是滋味，打算讓自己重振雄風。

於是，他在回家的路上，繞道去了趟理髮院。一回到家，他的妻子果然徹底被嚇了一跳，忍不住大叫：「喂！你瘋了嗎？你沒事幹嘛剃光頭！」

沒錯，他故意把所有頭髮理光，還擺出一副型男的模樣：「噢，親愛的，何必這麼大驚小怪呢？這可是『夏季款』呢！」

老婆聽了可不管，尖聲尖氣地回一句：「我管你冬天款、夏天款，反正你這副怪模樣，別想我跟你一起上街。」

但他可不依，立刻催促老婆：「少囉嗦，妳快去換衣服，等一下我們一起去看電影。」

老婆被他突如其來的強勢嚇到了，結婚以來，他從來不曾用這種態度對她說話，有點莫名其妙地問：「你是怎麼回事，怎麼這麼說話？」

他乾脆豁出去了，粗聲粗氣地說：「少廢話，別管我怎麼說話，也別管有沒有頭髮，反正妳今天一定要跟我去看電影就對了。」

他的妻子怯怯地問：「你到底怎麼了？理髮師傅把你的涵養連著頭髮一起理掉了嗎？」

他聽到她又提頭髮的事，心裡更火，打從結婚之後，他從頭到腳樣樣她都要管，穿什麼衣服配什麼鞋子，都得聽她的，現在他打算自己做主。於是，他

對妻子大叫：「對，從現在起我的頭歸我做主，用不著妳管。我就愛光著頭，想去哪裡就去哪裡。妳要是還當妳是我的老婆的話，就別廢話，跟著我走就對了。」

就這樣，他拉著老婆出門看電影，一路上不管是搭車還是買票，都可以明顯地感覺妻子的不自在，但他卻故意摟肩搭背，一副親密模樣，目的就是要展露出自己的大男人風範。

後來，在電影院裡，電影看了一半，老婆藉口去洗手間，而後便沒再回到座位上。他火大地回到家，發現妻子躲在棉被裡哭泣，一時間也有點後悔自己太過亂來。正想低頭道歉，結果一掀開棉被，他驚訝得說不出話來。

不知何時也把頭髮理光的老婆，掛著一臉淚痕對他說：「我不管，你明天一定要陪我去看電影。」

看來這場夫妻之爭，做丈夫的輸得很徹底，他的老婆不愧是最親密的枕邊

人，十分清楚知道要怎麼對付他。

可是，夫妻之間並不是交戰的兩國，整日爭來鬥去又有什麼意義呢？

在愛情裡面計較誰愛誰多、誰愛誰少，是件無聊的事，追究誰該聽誰的才行，豈非更加無聊？兩個人能夠在一起，一路隨行就是一種緣份了，哪個人走在前頭又有什麼好計較的呢？兩個人能夠牽著手一起走過人生路，才是眞正的幸福。

每個人都有自己的行爲模式，在愛情裡的空間，能夠相互體諒、相互配合，才是莫大的福氣；要是鎭日追究誰比較偉大、誰該支配誰，這樣的愛情又如何能幸福？畢竟，誰爭贏了又如何呢？

改變態度，才會過得幸福！除非你愛競爭的感覺愛上了癮，否則，別把競爭帶進愛情裡，日子過起來才會輕鬆許多。

記得把善意傳遞出去

假使，從我們受到幫助的那刻就啟動了一個善的循環，那麼，我們要做的回報，就是使這個善的循環一直延續下去。

施恩不望回報是難能可貴的情操。

儘管大家都感慨社會現實殘酷，但遇到急難事件，願意暗中伸手援助的人，其實不在少數。最常見的是，只要電視上又報導了哪些可憐、需要援助的對象，就有不少人慷慨解囊，願意匯款到特定的救助帳戶，而且通常是不具名的。這顯示了，這個社會還是充滿溫情的，也顯示大多數人期望自己能夠生活在善良的社會，願意將溫暖送給別人。

生活之中有許多的例子告訴我們，「善」其實是一種良性的循環。如果整個大環境都是善良的，那麼置身其中的每一份子，或多或少都能從流轉的善意中受益。

一個寒冷的傍晚，失業一陣子卻苦苦找不到工作的喬，無奈地開車回家，發現山路邊有一輛車拋錨了，一位老太太正站在賓士車旁不知所措。

本來喬並不想多事，只想快點回家，因爲天色快暗下來，說不定等會兒就會開始下雪。可是，在他開車經過老太太身邊的時候，還是忍不住多看了幾眼，隨即踩下了煞車。

他實在沒有辦法在這種天候下丟著一個無助的老太太不管。他停下車，走向老太太，看得出她並不是非常信任他，臉上有著防備的神情。

他問：「妳需要幫忙嗎？快下雪了，妳最好進車子裡避避寒。」

老太太望著他遲疑了一下，才無助地對他說車子突然爆胎了，一時間不知

道該怎麼辦才好。

喬仔細地察看了一下車況，發現車子裡有個備胎，便向老太太表示，他的車裡有工具，可以幫她換掉破了的輪胎。

喬拿出了千斤頂等工具，花了點時間總算把輪胎換好，儘管搞得全身髒兮兮，但內心充滿喜樂。老太太非常感謝他的幫忙，一再問要付給他多少錢。喬並不覺得這點忙有什麼大不了的，於是對老太太說，當她有機會幫助別人的時候，別吝於伸出援手，就是最好的報答。而後，喬在老太太發動引擎之後，也趕緊上路準備回家。

老太太開了一段路，看到一家咖啡館，便下車休息，前來接待她的服務生，是一名大腹便便的女士，看起來已經快要臨盆，卻依然辛苦地工作。用完餐，老太太拿了一張一百元美金的鈔票交給那名女服務生，對她說剩下的當作小費，請她買些營養品補補身子，不要太辛苦。

老太太還交給她一張寫在餐巾紙上的「紙條」，上頭寫著：「請收下這份善意的禮物，我剛剛受人幫助，希望自己也能幫助別人，如果妳想要回報，請

再找機會幫助別人，別讓這個愛的循環斷掉。」

女服務生收到如此鉅額的小費，本能地想要推辭，但最後還是收下了。因爲她很需要這筆錢，她的丈夫已經失業一陣子，而孩子又快出世了。

她的內心充滿感激，工作結束後回到家，躺在丈夫身邊的時候，輕輕地擁住丈夫，對他說：「一切都會好轉的，我愛你，喬。」

或許，你並不相信眞實世界也會如此美好，但是，不可否認的，這樣溫馨的小故事經常發生在我們周遭。我們都可能會在某個窘迫危急的時候，受到不知名人士的幫助，內心充滿感激，卻不知從何回報起。

假使，從我們受到幫助的那刻就啓動了一個善的循環，那麼，我們要做的回報，就是使這個善的循環一直延續下去。

我們當然不需要僞善地沽名釣譽，但是，當我們能夠伸手扶人一把的時候，也不要吝嗇地緊握雙手。

假使你習慣付出善意，那麼，當別人幫助你時，你自然能坦然以對，只要有機會再把善意傳遞出去，心中就不會有太大的壓力。

不必強迫自己一定要當個好人，也無須逼迫自己去當個冷漠的人，依照內心的感覺，做你該做的事，這個世界就會變得更加美好。

與其猶豫不決，不如順從你的感覺

何必猶豫不決？順從你的直覺，適時把你的誠心誠意表現出來，通常你就會因此做對事情，而且得到最好的效果。

風靡華文世界的暢銷書作家南派三叔，在《盜墓筆記：秦嶺神樹》中曾經提及「最純粹的念頭」這個概念，並且有深刻的論述。

所謂「最純粹的念頭」，就是未經價值判斷，未經邏輯推演，靈光乍現般浮現腦海的想法，通俗的說法就是「直覺」。

人的直覺，經常會有一定的準確度，順從自己的心意和直覺，有時說不定反而比一再前後思量斟酌來得更正確。

艾克斯走過一家精品店的時候，突然發現一個紅色的玻璃水果盤，覺得妻子克拉一定會很喜歡，因爲她一直很喜歡這些製作精製的東西。

突然間他有種衝動，想要把那個水果盤買下來，於是走進店裡。店員自然很樂意爲他服務，把水果盤送到他面前時，還貼心地問：「您要不要看一下成對的小碟子呢？」

艾克斯想了一想，口袋裡並沒有足夠的錢，而且沒事突然買禮物給克拉，她八成也會覺得奇怪，於是對店員說：「不，算了，我改天再來買。」

艾克斯並沒有把自己的發現對克拉說，只是一直惦著那個水果盤，心想克拉收到禮物一定會很高興。

第二天早上，艾克斯發現克拉好像心事重重，但是又猜不透她到底是爲了什麼事煩惱，一整天，艾克斯都爲克拉的不開心感到在意。於是，他回家的時候，狠了心把那個水果盤買了下來。

回到家，他發現妻子有點不一樣，好像刻意打扮了一番。他看得有點發

愣，讚美說：「妳今天好漂亮！」然後不自覺地把手裡的東西交給妻子。

克拉收到禮物，整個人笑了開來，彷彿所有的神采、光芒都匯聚到她身上。當她發現包裝精美的禮盒裡是個精緻的水果盤時，更是開心地撲上來抱住艾克斯，笑著說：「噢！我還以爲你忘記了，虧你演得這麼好，早上故意不動聲色，害我好難過！」

艾克斯被妻子的話搞得一楞一楞的，到底今天是什麼日子，自己怎麼想不起來？克拉很快就給了他答案：「噢，親愛的，你知道嗎？這眞是我見過最漂亮的水果盤了，我想任何一位妻子收到這樣的結婚週年禮物，都會和我一樣開心！」

艾克斯可說是誤打誤撞地送對了禮。一般來說，男人大部分都不太記得女人在意的重要節日，女人也通常假裝不在意，一旦男人能夠記得住、有所表示，就會像克拉一樣感到開心異常。

然而，讓她們開心的，並不一定是禮物的內容有多貴重，而是對方那麼重視自己的心意。

或許，艾克斯並不記得對妻子而言很重要的結婚週年紀念日，但是他一直在乎妻子的喜好和情緒，所以憑著直覺行動，無疑也展現出他對妻子的在意和重視。

所謂「禮輕情意重」，令人感動的，不是禮物的內容與價值，而是那一份送禮的心意和誠意。

何必猶豫不決？順從你的直覺，適時把你的誠心誠意表現出來，通常你就會因此做對事情，而且得到最好的效果。

知道自己在做什麼最重要

只要明確知道自己在做什麼，那麼無論最終得到的是褒或貶，我們都無須太過在意。

你還在等待別人點頭肯定嗎？你還在等候人們發出支持之聲嗎？但是當你眞正等到這些回應時，它們能爲你帶來多少自信？即使眞的增強了你當下的信心，又能持續多久呢？

關於苦候不到的肯定，等待不到的支持，人們的質疑或否定，我們其實不必太過在意，因爲自己的價值就在自己的心中，只要能坦然地面對生活中的一切，只要知道自己在做什麼，那便足夠了！

在牛津與劍橋這兩所著名的大學中，皆有一個以「伊沙克．沃夫森」為名的學院，這是一位猶太人的名字。

被譽為當代最慷慨的慈善家伊沙克．沃夫森，是一位蘇格蘭籍的猶太人，也是英國最大的百貨公司——大宇宙百貨公司的總裁，此外，他還擁有約三千多家零售商店，經營觸角更是涉及銀行、保險、房地產業……等等，甚至連水陸交通運輸業，他也都積極參與投資。

一九五五年，沃夫森決定用自己的名字，設立一個慈善基金會，雖然他沒有設定援助的對象，但是成立後近二十多年的時間，主要資助的對象都是一些教育機構，總資助額約有四千五百萬美元。

正因為他的慷慨捐助，許多大學院校都特別頒發給他榮譽學位證書。

但是，不斷領取這些證書的沃夫森，卻常被人質問他的捐錢企圖。

有人質問他的朋友：「沃夫森這傢伙，既是皇家外科醫師會的會員，又是

皇家內科醫師學會的會員，既擁有牛津大學的教會法規博士的頭銜，同時又有劍橋大學的法學博士學位，他的學歷證明還眞是多啊！但是，他拿那麼多的大學博士學位有什麼用，他做了哪些事得到這些資格呢？」

友人笑笑地說：「他是個很會寫東西的人。」

質問者一聽，吃驚地問：「寫東西？他寫了些什麼作品啊？」

友人點了點頭，接著用十分堅定的語氣說：「支票！」

只要明確知道自己在做什麼，那麼無論最終得到的是褒或貶，我們都無須太過在意，就像故事中被質疑的沃夫森一般，對於人們的嘲弄一笑置之。

「何必在意別人怎麼看，你只需知道自己在做什麼就好！」這是沃夫森在故事所欲傳達的旨意，在坐擁名利的同時，他知道自己問心無愧。

落實這樣的態度於生活之中，每當受盡人們嘲笑或反對的時候，我們首先要做的，不是停止行動，而是仔細問一問自己：「你是否知道自己在做什麼？

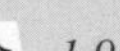

又是否能坦然面對眼前的質疑與困擾？」

只要答案是肯定的，那麼我們當然要更加積極地前進，因爲那是我們肯定自己的重要來源，也是支持我們尋找眞正自我價值的依據。

至於，要到什麼時候才能得到社會的認可，我們何須著急？應當像沃夫森一樣瀟灑地面對，明白自我認同的重要。

因爲，在這之後，我們自然就能展現出個人的非凡價值，而人們的肯定目光也自然會被吸引過來。

不放棄，就一定有機會

自信是每個人最好的依靠，勇氣是我們最佳的伙伴，如果你的夢想沒有破滅，不妨多給自己一點信心。

看見山路崎嶇，你習慣退回原地重新開始，還是停在路口不住埋怨：「爲什麼這條路那麼崎嶇？爲什麼老天爺不給我一條平坦的路？」

其實，對堅決不放棄的人來說，無論退回原點重新開始，還是繼續前進，他們都知道，自己終有一天定能到達山峰。

反之，那些只知道抱怨的人，即使有人指引他們一條平坦的山路，他們最終還是會嫌坡度太陡。

有個美術系剛畢業的女生，對於布料圖樣的設計非常感興趣，在畢業前夕，便選定了未來要走的路了。

但是，想進入這個行業並不容易，對於這個剛出社會的女孩來說自然困難重重，由於大部份的服裝設計師與配合的上下游廠商大致是固定的，他們對於這個完全陌生，初出茅廬的設計者根本就沒什麼興趣與信心。

這天，女孩又拿了一堆精心設計的作品到一間著名的設計師公司，助理連看都沒看就想打發她走，在她苦苦哀求，助理只好軟下心腸答應：「好吧！我拿去給計師看一下。」

不久，助理終於走出來了，只是答案和過去被拒絕的情形一樣：「對不起，設計師說我們的設計圖太多了，實在沒時間看，而且我們早就有固定的合作伙伴了，所以您請回吧！」

四處碰壁的女孩心情非常沮喪，但是，她還是堅地對自己說：「不行，妳

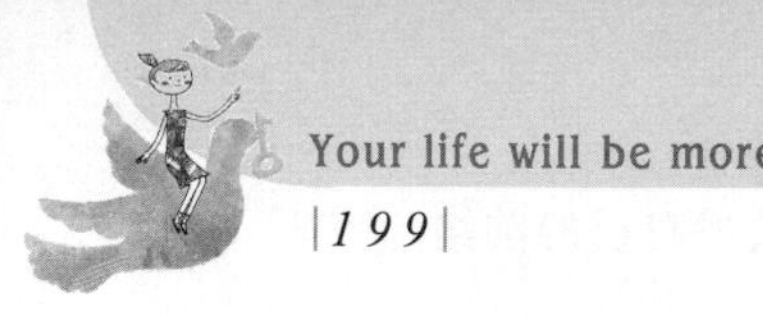

一定要堅持下去！或許這些推銷方法不對，得再想想其他的辦法，相信只要找對了方法，就一定能打破僵局。」

有一天，女孩走在路上正巧遇到了一位名歌星的簽名會，看著宣傳照上的美麗服飾，女孩突然靈機一動，跟著歌迷們擠到了前方。

人龍一個接著一個，女孩終於等到機會了。

「妳好，我好喜歡妳喔！我眞想爲妳設計一些漂亮的服裝，請妳幫我在這幾塊布上簽名，這是我剛剛設計出來的圖樣喔！」

女孩抓緊機會宣傳自己的作品。

沒想到這位歌手對她的作品十分感興趣，親切地對女孩說：「眞漂亮，這些全都是妳設計的嗎？能不能請妳和我的設計師聯絡，我想用妳這些布料做衣服，可以嗎？」

接著，歌手從口袋裡挑出一張名片：「這是她的電話，妳直接告訴她，是我要妳過去的。」

只見女孩瞪大了眼，她抖著聲音說：「這是眞的吧！不是，我是說，好，

我明天就過去。」

第二天早上，女孩再度出現在曾拒絕她的設計師面前，並拿出歌手簽了名的布料說：「您好，是她叫我來找妳的，她說希望能用這些布料做衣服。」

希望其實一直在每個人的心中，只要我們不輕易放棄自己的夢想，美夢成眞的機會就不會棄我們而去。

故事中的女孩，雖然一再地被否定與拒絕，但是帶著夢想前進，她始終堅持相信：「我的夢想一定能成眞。」

走進現實生活中，相信有許多人正和女孩一樣不斷地遇到挫折。也許你曾寄了上百封個人資料，希望能得到一個工作機會，也曾經接到上百封「很抱歉」的回覆，面對著一張又張的被拒回函，你都怎麼告訴自己？

是嘆了幾聲，然後說：「根本沒有人想用我！」

還是像女孩一般對自己說：「沒關係，一定還有其他的機會。」

一開始我們就是在跌跌撞撞中展開自己的人生，應該很習慣了「跌倒」的感覺，當然也更習慣了「再站起來」的經驗，是吧！

其實，生活之中並不需要有太多的運氣，因爲自信是每個人最好的依靠，勇氣是我們最佳的伙伴。

如果你的夢想沒有破滅，不妨多給自己一點信心，只要你能再積極一點，充分地展現你成功的企圖心，夢想一定能實現。

珍惜緣份帶來的幸福

一對男女能夠在一起並且愛上對方，是需要緣份加持的；如果沒有緣份，即使一再擦身而過，也不可能撞擊出火花。

在自由戀愛風氣盛行的現代，婚姻的目的不再以傳宗接代爲前提，而是夫妻二人因爲相愛而決定生活在一起。

一對男女相互喜愛，決定進一步深入交往，通常是現代婚姻的主要基礎。兩個人能夠在許多方面相互適合，相處起來自然融洽，如果連雙方的家庭都可以密切結合，那麼，這樣的婚姻路走起來一定更爲順暢。

然而，親友的介紹、父母的撮合，眞的一點好處也沒有嗎？

其實不然，有時候，一個人對自己的瞭解，還不如養育自己多年的父母。只不過，有些人非常排斥經由他人媒介，希望自己戀愛、結婚的對象，是經過自己評估和判斷的。

貝麗總是高呼戀愛自由，更強調「愛人一定要靠自己找」。因此，當擔任飛行員的父母想為她介紹一個年輕飛行員時，她二話不說就拒絕了，儘管她的父母一再稱讚這個男孩年輕有為，和她一樣在俄亥俄大學攻讀學位。總之，貝麗下定了決心，一定要靠自己尋尋覓覓，找到屬於自己的眞命天子。

貝麗大學畢業後，在一家攝影工作室工作，有一天受命負責一項空拍的工作。當天一大早她就來到機場，準備搭乘小型飛機昇空進行空拍。

當她走到停機坪，小型飛機已經完成熱機的準備工作，飛行員正在駕駛座上等著她上機。貝麗坐上飛機後座，只能從駕駛座座椅之間的空隙望見飛行員的背影和側臉。

貝麗後來回憶起當時心裡的想法：「當我第一眼看到他飄揚起來的黑髮，心裡就充滿情不自禁的異樣感覺。」

她強迫自己不要心猿意馬，專注在拍攝的工作上。然而，當天的氣候並不理想，不時候有烏雲出現阻撓拍攝視線。就在她的拍攝工作進行一個段落後，小型飛機突然向上攀升，一陣震盪之後來到了雲層上方。

隨即從駕駛艙傳來駕駛員的聲音：「抱歉，前面有一波亂流，我們先在雲層上方飛一陣，待會再下去。」

貝麗聽了笑著回應說：「沒關係，剛才我已經拍了幾張不錯的照片。」

接著，兩人便聊開了，簡單介紹彼此，貝麗得知駕駛員叫布朗。

貝麗這才發現，原來這個背影讓她心動的人，說起話來也很風趣。聽見布朗爽朗的笑聲，她突然好想知道他的模樣，也好想爲他拍照，以這片藍天爲背景好好地拍幾張照片。

飛行工作結束，貝麗也完成了拍攝的工作。下機時，布朗以有力的手掌協助貝麗下機，在兩人相視對望的一刻，彼此都知道自己已經找到盼望已久的心

上人了。

貝麗心想自己的父母一定會喜歡布朗，於是邀請布朗和她一起回家用餐。當他們一起出現在貝麗的父母面前時，他們忍不住驚訝地喊：「布朗，怎麼會是你，你怎麼會和貝麗在一起？」

貝麗這才知道，原來四年前她的父母想幫她介紹的對象就是布朗。

這一切只能說是姻緣天注定，經過一番轉折，有緣的人終究會在茫茫人海中相遇相戀。

緣份其實很奧妙，彷佛冥冥之中有一雙無形的手在撮合這一切。相遇的形式並不重要，重要的是眼前這個人是不是自己尋尋覓覓的對象。貝麗的父母眞心想要女兒找到一個理想的歸宿，而布朗正好就是適合貝麗的人選，即使沒有父母從中介入，他們遇見了，自然也會彼此愛上對方。

只不過，如果貝麗不那麼排斥父母的建議，她和布朗的戀情說不定就能夠在更早之前開始，而不需浪費那麼多尋覓的時光。

人與人之間，最重要的就是緣份，一對男女能夠在一起並且愛上對方，是需要緣份加持的；如果沒有緣份，即使一再擦身而過，也不可能撞擊出火花。有緣份才能碰在一起，有緣份才有機會發現對方的好，有緣份才能夠一起牽手走得長長久久。

把握當下，是修正錯誤的最佳方法

生活上的缺口往往都只是個小缺口，但是無法冷靜處理問題的人，經常在錯誤的解決方法下，將小缺口拉扯得越來越大。

當我們遭遇困境的時候，往往會怨天尤人，哀憐自己為何遭遇這種厄運，接著對未來抱著悲觀和沮喪。但是，悲觀沮喪並不能解決問題，把握當下才是面對困境的最佳方法。假如我們試著改變面對的態度，那麼我們就可以看見另一番不同的景象。

生活中的損失不一定就是完全失去，只要我們能從錯誤中立即找出停損點，積極地為生活找到另一條出口，便能讓生活中的缺口及時獲得填補。

喬治是哥本哈根大學的學生，今年他計劃好獨自一人在美國旅行，行程的第一站是到華盛頓的威勒飯店。由於住宿費已經由代辦的旅行社支付，所以他只需要確認入宿的房間號碼與退房時間即可。

喬治在就寢前前，再次確認放在上衣口袋上飛往芝加哥的機票，以及擺放在褲袋裡的護照和錢包。

然而，就在這個時候，喬治忽然驚呼：「我的護照和錢包不見了！」著急的喬治連忙下樓，向旅館的經理報備，經理聽見喬治的陳述後，便安撫他說：「放心，我們會盡力尋找。」

喬治聽見經理的保證，便放心地回房睡覺了。

第二天早上，喬治連忙向經理詢問失物的下落，只見經理滿臉抱歉地回答說：「不好意思，我們還未找到。」

身在異鄉的喬治，此刻有些手足無措，於是打電話向住在芝加哥的友人求

救，但是他還無法決定，到底他該要大使館報備遺失護照，還是就靜靜地坐在警察局裡等待消息？

轉念間，喬治忽然想到：「不行，我大老遠來到華盛頓，時間相當寶貴，怎麼能呆在這裡呢？今晚我便要到芝加哥去了，今天一天的時間我絕對不可以浪費，錢和護照的問題就留給警察們去幫忙，我現在應該要暢遊華盛頓才是，不然將來恐怕沒什麼機會了。」

於是，喬治向警察報告一下自己的計劃，很快地，他便開始進行徒步之旅。就這樣，喬治用他的雙腳，走遍了白宮和華盛頓紀念碑，也走過了這個城市裡的許多角落。回到丹麥之後，每當朋友們問起他的美國行時，他總是回答：「這趟美國行最令人難忘的一段，正是我徒步行走華盛頓的那一天！總之，把握當下才是最重要的！」

回到丹麥第五天後，華盛頓警局終於將找到的錢包和護照寄還給他。

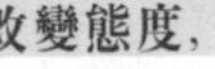

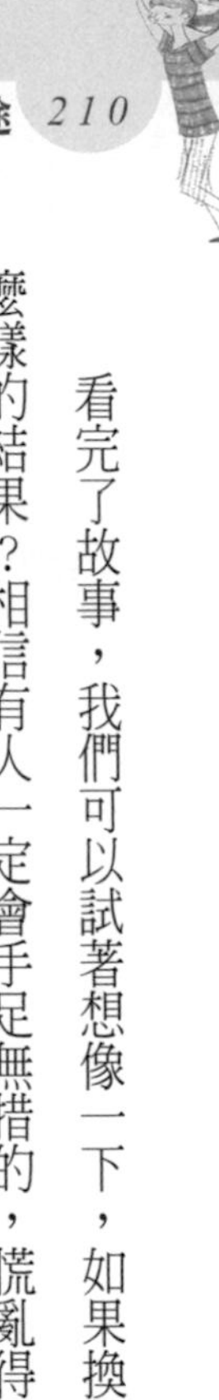

看完了故事，我們可以試著想像一下，如果換作是自己，最終可能會是什麼樣的結果？相信有人一定會手足無措的，慌亂得忘了下一步該怎麼走。或是呆坐在警局中，平白地浪費了待在當地的每一分每一秒，甚至有人會更改行程，早早返鄉，草草地結束了這一趟旅程。

你是否也像上述的情況呢？還是能像喬治一般，冷靜地重新規劃這趟突發狀況的旅程？

故事中，我們很清楚地看見了喬治積極的生活態度：「把握當下！」

其實，生活上的缺口往往都只是個小缺口，但是無法冷靜處理問題的人，經常在錯誤的解決方法下，將小缺口拉扯得越來越大。因爲他們滿腦子只有「已發生的事」，而沒有「把握當下」的解決認知，所以，有人發生像喬治一樣的狀況時，總是徒留「最悲慘的記憶」，而不是「最難得的回憶」。

生活中，我們要面對許多突發狀況，不妨試著以「當下」爲解決問題的關鍵字，那麼無論事情進展如何，我們不僅能依當下的情況修正步伐，也能像喬治一般，充分地表現出臨場的機智與解決問題的能力。

6. 何必用恨意折磨自己？

鎮日委屈自己，任由放不開的情愫折磨，

其實只是自尋苦惱，

除非你愛上那樣的滋味，

否則何不放手讓彼此自由？

勇敢面對失敗的考驗

英國詩人布萊克曾說：「正如水果不僅需要陽光，也需要涼爽的夜晚和寒冷的水才能成熟，人生不僅需要成功的歡樂，也需要失敗的考驗。」

挫折是寶貴的禮物，很多成功的人士都有過身處逆境的經驗，最後也都憑著堅強的鬥志戰勝了逆境，成就不凡的事業。

人生有時就像一場牌局，不論好壞，紙牌就在你手上，就等你運用智慧打一場漂亮的勝仗。

齊曼在一九八四年受命出任可口可樂公司總經理，當時的可口可樂公司面對百事可樂步步進逼，情況甚爲蕭條，因此，公司對他寄予厚望，希望靠他的營銷長才扭轉乾坤，一掃頹敗局面。

齊曼擬定的經營戰略是從改變可口可樂的配方著手，向市場推出全新口味的「健怡可樂」，然後搭配強勢行銷廣告，希望藉此取得轟動效果，一舉拉抬銷售量。不過，他卻犯了一個致命的錯誤，在推出新配方的健怡可樂之時，卻沒有持續讓舊配方的可樂上市。

結果，強調新口味的健怡可樂完全打不進市場，讓原本就每下愈況的可口可樂公司猶如雪上加霜，銷售額直線下降，短短七十九天之後，舊配方可樂被迫以「古典可口可樂」爲名，緊急重新回到超級市場的貨架上。

一年之後，齊曼黯然離開了可口可樂公司。

這對齊曼來說，無疑是一次巨大的挫敗，它不僅僅使齊曼蒙羞受辱，還徹底損害了他多年以來苦心塑造的個人形象。

但是，齊曼並沒有因此而一蹶不振，他離開可口可樂公司後，終日閉門苦

思，有長達十四個月的時間不曾與外界的人說過一句話。

當時，齊曼的心境十分孤獨，但他並不沮喪消沉，後來，他與友人合資開了一家諮詢公司。他在亞特蘭大簡陋的地下室中辦公，憑著一台電腦、一部電話和一台傳眞機，爲微軟公司等客戶提供諮詢服務，就連可口可樂公司也曾來向他尋求建議。

七年之後，齊曼終於東山再起，重新回到可口可樂公司，爲可口可樂再創輝煌的銷售紀錄，也幫助公司改進經營管理。

對於這段歷程，可口可樂公司董事長羅伯特．戈塔事後感慨地說：「我們由於不能容忍錯誤而喪失競爭力，現在我們終於明白，一個人只有在不斷前進的過程中，才有機會摔倒。」

英國詩人布萊克曾說：「正如水果不僅需要陽光，也需要涼爽的夜晚和寒冷的水才能成熟，人生不僅需要成功的歡樂，也需要失敗的考驗。」

假如你不曾失敗過，那麼，就應該體驗一下失敗的滋味，如此才能積累更成功的資本。

人生的遊戲不在於是否拿到了一副好牌，而是要知道如何將一手爛牌打好，從來都沒有所謂的常勝軍，只有勇於超越自我的成功者。

一個眞正有智慧的人，即便自己已經跌入谷底，仍會懷抱著感恩的心，透過逆境的砥礪，讓自己的人生重新開始。

相信自己，幸運自然就會降臨

美國作家桑塔亞納曾說：「哥倫布發現了一個世界，卻沒有用航海圖，他用的是在天空中釋疑解惑的『信心』。」

一塊磁鐵可以吸起比它重十二倍的重物，但是，如果你除去它的磁性，它甚至連輕如羽毛的東西都吸不起來。

人也有兩種，一種是有磁性的人，他們對自己充滿了信心，知道自己一定會成功；另外一種是沒有磁性的人，他們充滿了畏懼和懷疑，機會來臨之時，他們卻說：「我可能會失敗，人們會恥笑我。」

於是，這類人在生活上一無所成，這是因爲他們害怕前進，所以只能停留

在原地打轉。

阿爾法原本經營農具買賣的小本生意，過著平凡的生活，但是他並不滿足這種情況。他覺得房子太小，也沒有足夠的金錢購買自己想要的東西，儘管他的妻子從來都沒有抱怨，只是阿爾法總是想著：「我的內心深處越來越不滿足，特別是我看見妻子和兩個孩子都沒有過好日子之時，心裡總是有著深深的愧疚感。」

後來，阿爾法的生活有了極大的變化，他不僅擁有一個佔地二英畝的漂亮新家，也不用擔心能否送孩子上一所好的大學，妻子在花錢買衣服的時候也不再有過去那種罪惡感。他發現這才是他眞正想過的生活。

這一切的發生，是因爲他運用了信念的力量。

有一天夜晚，他坐著沉思，突然感到自己非常可憎。

「到底是什麼原因呢？爲什麼我老是失敗？」

於是，他拿了一張信箋，寫下五個自己非常熟悉的、在近幾年內成就遠遠超過他的人名。

他問自己：「什麼是我這五個朋友的優勢？」

他把自己的智力、能力與他們做了一番比較，終於，他想到了另一個成功的因素，那就是自信心。

當時已經凌晨三點了，但是他的腦子卻十分清醒，因爲他發現了自己無法出人頭地的弱點。

從小，他就很缺乏自信，總是在自尋煩惱，總是對自己說不行，因此所做所爲幾乎都是在表現這種自我貶抑。

現在，他終於明白，如果自己都不信任自己的話，那麼就沒有人信任他，於是他決定，從今以後要徹底改變自己。

經過深刻反省之後，他認識到自己的價值，結果，他成功了，得到了自我認同的無限價值。

美國作家桑塔亞納曾說：「哥倫布發現了一個世界，卻沒有用航海圖，他用的是在天空中釋疑解惑的『信心』。」

你對自己有多少認同，你對自己有幾分自信？

不管眼前的際遇如何，只要懷抱著希望，人生隨時可以重新開始，阿爾法的故事無疑是最好的示範。

請相信你自己，別人如何看你並不重要，重要的是你怎麼看自己，只要你確認了自己的生命意義和生活目標，幸運自然就會降臨。

何必用恨意折磨自己？

鎮日委屈自己，任由放不開的情愫折磨，其實只是自尋苦惱，除非你愛上那樣的滋味，否則何不放手讓彼此自由？

愛情擁有很大的力量，可以讓兩個人不顧一切地在一起，可能改變兩個人的生活，也可能製造出許多的奇蹟。然而，當這股巨大力量消褪的時候，又該如何面對？

有人總是勸失戀的人說：「愛過、失去過，總比完全沒愛過來得好。」只不過，這句話對那些失戀的人，一點安慰作用也沒有，因爲曾經有過戀愛的甜蜜，面對失去，更讓人難以忍受。

這種時候，與其苦口婆心地安慰他們忘了失去什麼，不如讓他們靜下心來仔細想想，在這場戀情中自己獲得了什麼。

麥克和安琪從大一相戀開始，交往了三年多，畢業後，頗有運動天分的麥克更在安琪鼓勵之下加入了職業球隊，完全改變了他的生活。在戀愛、事業兩相得意的時候，麥克曾經覺得自己是世界上最幸福的人。

誰知，有一天安琪竟然對他說自己愛上了別人，想要和他分手，讓他覺得自己的世界整個崩毀了。

安琪說：「麥克，你是個好人，我還是很在乎你，希望我們永遠都是好朋友。」但是麥克卻忍不住嗤之以鼻，朋友？分手的戀人怎麼當朋友？

一想安琪的新男友，他就一肚子火，心想要是看到那傢伙，一定要衝上去把他揍扁。

就這樣，麥克開始陷入了一連串的低潮，最後連練球都不專心，比賽時還

發生了嚴重失誤，使得一向愛才的教練再也看不下去了，不只在場上痛罵他一頓，還要他比賽結束後立刻到辦公室報到。

在教練追問下，麥克才把自己的情事攤開來講。他不明白爲什麼安琪要離開，他不懂自己到底做錯了什麼。

他失聲怒吼：「爲什麼！我那麼愛她，她卻和我分手，我事事爲她著想，她要我做什麼我就做什麼，我付出那麼多，到底得到什麼？」

教練讓他發洩了一陣，然後拿出紙和筆，丟到麥克眼前，說：「你得到了什麼？很好，這是個好問題！紙和筆給你，你就坐在這裡好好想一想，在這場戀情裡，你到底得到了什麼。」

教練要麥克仔細回想他和安琪交往後的一切，巨細靡遺地記錄下來，好的壞的都可以寫，然後寫下從對方身上得到的經驗。

麥克拿著筆，對著白紙，開始回想他和安琪交往的情形。他記得自己如何鼓起勇氣約安琪出來，安琪接受邀約又如何使他感到開心；他記得自己在安琪鼓勵下加入足球隊；他記得自己曾和安琪吵架，後來重修舊好，學會溝通、協

調和讓步……

隨著點點滴滴的回憶，他記起了好多好多快樂的片斷。雖然和安琪分手令他傷心難過，但是，他們曾經一起留下許多值得珍惜的過往回憶。

嚴格說起來，在這段戀情之中，他獲得的或許比安琪還要多。寫到後來，麥克頗有感悟，很慶幸自己曾經擁有過這樣一段戀情，如果沒和安琪談戀愛，說不定此刻他將會是另外一種人，過著另外一種生活。

愛因斯坦曾經說過：「人只有懂得改變對困境的看法，才能找到衝出困境的方法和做法。」

在情感方面的經營也是如此，唯有懂得隨時調整自己心境的人，才能走出感情的困境，不會老是用恨意折磨自己。

麥克或許一時還不能走出情傷，但至少不再對過往抱持著恨意，他不再認爲那段戀情白白浪費自己的時間，他不再否定安琪，也不再否定自己。

很多時候，曾經相愛的兩人之所以分手，不是誰對誰錯的問題，而是緣份淡去。愛情逝去就逝去了，再如何挽回，也挽不回對方已愛上別人的心。情緣已盡，假使將過往的所有一切全數抹去，而以恨意替代，其實受折磨的，只會是自己而已。

能夠瀟灑放手，爲對方祝福，不也是一種愛意的表現？試圖強抓著舊情不放，又怎麼會有新愛入得了你心？鎮日委屈自己，任由放不開的情愫折磨，其實只是自尋苦惱，除非你愛上那樣的滋味，否則何不放手讓彼此自由？

你必須學會和孩子一起成長

你不能讓孩子生活在玻璃城堡，你不必什麼事都幫孩子做得好好的。你必須做的是：和孩子一起學習，一起成長。

對於許多人來說，小時候，父母就像神一樣無所不能，也像英雄一樣令人敬佩，彷佛什麼問題都能輕易解決。

但漸漸的，隨著年歲長大，孩子就會發現，其實父母也是人，也有做不到的事，也會害怕，也會失敗，甚至不能在每個危急的瞬間順利拯救自己。這些成長經歷會讓孩子知道，有很多時候，得學會自己照顧自己。

有一天，史迪克在院子裡玩耍，結果爬上了樹卻下不來，只好死命抱著樹幹，哭著喊爸爸。

聽到求救聲，他的父親隨即從屋子裡衝出來，一腳踢開門，以最快的速度奔向院子。然後，史迪克懸空的腳被父親抓住，心也跟著放下，因爲他知道有爸爸在，自己就安全了。

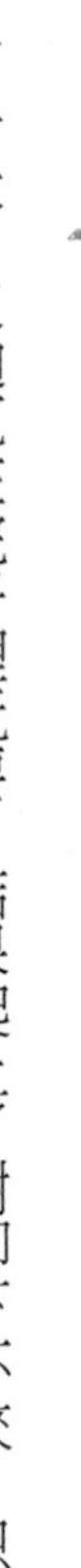

幾年後，史迪克又爬到更高的樹上，又面臨了一次進退兩難的情況，但這次叫爸爸的絕招不靈了，因爲他的父親正在離家幾十里的地方開會。最後，史迪克抱著樹幹滑落，手肘骨折，只好打上石膏。

不過，這一次史迪克並沒有感到恐懼和害怕，反而有種勇敢歷險之後的得意感，在爸爸回家的時候，高興地展示自己的石膏手環。

這樣的表現，證明史迪克已經漸漸長大，他也發現這個事實，知道有些事自己就能做到，不用依賴父親。

這種自我征服的成就感，越來越明顯。

史迪克的父親對這個事實感到既欣慰又黯然。欣慰的是，曾經幼小到無時無刻不得不依靠父母保護的孩子，現在終於日漸成熟爲一個獨立的個體；黯然的是，自己再也無法成爲孩子唯一的超級英雄，無所不能、無所不在地爲孩子解決問題。

面對孩子的成長，許多父母都和史迪克的父親一樣既高興又失落。雖然孩子漸漸獨立、成熟，意謂著父母不用再多操心，也不用再事事出手協助，終於可以開始爲自己而活，但是，那種被人需求的感覺，相對也隨著孩子的成長而慢慢被剝奪了。

孩子們會開始要求獨立空間，拒絕你未經同意就擅入；他們會開始追逐新的偶像，儘管那簡直是讓你嘔吐的對象；他們會開始嘗試各種新挑戰，而你可能一點也幫不上忙。

事實上，許多時候，不能適應的反而會是父母。

沒有人天生就會當父母，孩子偶而出點差錯，父母要學會寬容。面對孩子，父母需要付出關愛，畢竟眼前這個小不點，不管是好是壞、可愛或不可愛，都是因為你才來到這個世界的，你有義務讓他能獨立存活在這個世界上，直到那時，你的責任才能完了。

所以，為人父母的你，最好有這樣的認知：你不是無所不能的存在，你不用只能給孩子最好的；你不能讓孩子生活在玻璃城堡，你不必什麼事都幫孩子做得好好的。你必須做的是：和孩子一起學習，一起成長。

而且，時候到了，該放手就該放手，如何度過沒有孩子的人生，將是人生的下一個學習課題。

用心，才能突破瓶頸

只要多用一份心，坦然地面對問題與缺失，不僅能迅速地填補缺漏，更能緊抓住事情發展的重要關鍵，踏入成功的領域。

莎士比亞告訴我們：「千萬人的失敗，失敗在座是不徹底，往往做到離成功還差一步，便終止不做了。」

唯有絞盡腦汁突破臨界點，你的人生才會有新的起點。

流行的風向將往哪兒去，時尚的需求有哪些東西，方向就在你的腦海中。只要你能比別人多花一分鐘想想，很快地你便會驚呼：「我想到了！」

成功就是這麼簡單，很多人之所以無法達成，那是因爲他們面對困難時總是比別人少堅持一分鐘！

瑪莉是一位英國服裝設計師，這天黃昏，她照慣例來到街頭散步。

忽然，有一群漂亮的女孩子經過她身邊，瑪莉微笑地看著她們，她們也回應她一個笑容後，便開始聊她們女孩家的心裡話。

有個女孩說：「妳們看，現在流行的服裝眞乏味，一點也不好看！」

另一個女孩也呼應說：「是啊！妳看這條破裙子竟然流行到現在，實在很難看，眞想把它剪壞、丟掉。」

瑪莉聽見女孩們的抱怨，感覺十分羞愧，心想：「身爲一個設計師，的確要多一些創新，讓女孩們從服裝上表現出青春活力！」

瑪莉認眞地想了又想，忽然，驚呼道：「剪！是啊，如果我把裙子再剪短一些，那不就能充分展現女孩們的美麗身材和青春氣息嗎？」

於是，瑪莉停止午後休閒活動，立即奔跑回家，動手製作起她的新設計，

一件被剪短的裙子。

「短裙子」一上市，很快地便銷售一空，後來，人們也正式給予這件裙子一個名字，叫做「迷你裙」。

從此，迷你裙的風采不僅在英國掀起一陣流行，更在世界各地燃燒出一股熱潮，而瑪莉也因爲這個「剪短的裙子」創意，坐上了流行服裝設計大師的寶座，當然，這個創意發想更爲她賺進了千萬的財產。

因爲一個剪字，讓瑪莉聯想到了青春活力，因爲多一份留意，讓她多思考了一分鐘，也讓她多賺進了一筆非凡財富。

無論你我選擇什麼樣的工作範疇，都要有「比別人多一份心」的態度，因爲這是突破工作瓶頸的自勉力量，也是讓我們挖掘成功湧泉的支持力量。正因爲一切力量始終都源自於我們的心，所以，用「心」探尋的瑪莉能聽見女孩們的「心」聲。

瑪莉的名利雙收，再次地印證了創意人的成功技巧：「只要你能多思考一秒鐘，只要你能多用心一分鐘，那麼你就能看見成功的契機！」

從古至今，這不僅是眾多成功者的共同經驗，也是他們分享成功經驗時的重要體悟。

只要我們能多用一份心，坦然地面對問題與缺失，並積極發現其中缺漏處，那麼，我們不僅能迅速地填補缺漏，更能緊抓住事情發展的重要關鍵，踏入成功的領域。

用感激的心情面對當下的環境

與其抱怨才智難伸，不如用更積極的態度去面對當下的環境，懷抱感激之心，不僅能讓人懂得珍惜把握。

不管是在工作上還是一般待人接物中，常帶微笑的人始終比板著面孔的人更具有說服力，也更容易讓人對他產生信心。

帶著正確的生活與工作態度，才能讓我們自信地走向未來。

畢業後，便順利投身職場的漢德森，在一間小公司工作一段時間後，便很

幸運地成功轉換到另一間大企業公司中任職，在這間有上千名員工的大公司裡工作，漢德森不像過去一樣事事都得自己來，優點是可以讓他更專注於自己所擅長的工作上。

當然，有優點自然就有缺點，因爲在這個人才濟濟的大公司中，漢德森發現他的伸展舞台變小了，再也無法像從前那樣揮灑自如。這一點對想積極展現自己的漢德森來說，當然是一件非常糟糕的事：「要怎樣才能讓主管們知道我的能力呢?最起碼該讓他們先認識我吧！嗯，對一個新進人員來說，我應該先加強自己的競爭實力，才有機會展現我的能力。」

不過，幾千名員工每天在公司中進進出出，每張嚴肅的面孔像似陌生的過客般，想讓主管們一眼認出或是記住自己，恐怕不是件容易的事。

「我該怎麼做才能讓主管發現我，並記住我呢?」漢德森每天都反覆地思考著這個問題。

時間眨眼便過，又到了年底發放年終獎金的時候了，這對辛苦一年的員工們來說雖然是最快樂的時刻，卻也是他們幫公司「反省」的最佳時候。

不管自己拿到了多少獎金，也不管對方是否熟識，他們還是能靠著這個共同的話題熱烈交談。有人批評獎金的公平與否，有人諷刺主管的不知體恤，似乎沒有對公司提出一點批評或埋怨，就不是這間公司的一份子一般。

辛苦工作了一年，發發牢騷也確實情有可原，不過，在這個時候還是有個人沒有加入這個批判行列，他正是漢德森。

因爲，第二天他將一封封感謝函送往公司幾位主管及總經理的桌上，上面寫著：「您辛苦了，在這個時候我很想表達心中的謝意，非常感謝您這一年來的指導與教訓，漢德森。」

這天，漢德森「又」在電梯裡碰到了總經理了。

沒想到總經理突然笑著對他說：「咦，你是漢德森吧！你一會兒到我的辦公室來，我想和你好好聊一聊。」

你的抱怨還是很多嗎？你一整年都是帶著這樣的態度在工作嗎？

如是答案是肯定的，那麼請坦然地接受你「有志難伸」的現實吧！

因爲，對機會而言，最厭煩的事正是聽見埋怨，因爲它知道，一個只會不住埋怨的人，根本不知道要怎麼發揮自己的才能，更不知道如何把握它，與其留在一個不懂得珍惜的人手中，不如飛向另一個合適的對象。

其實，獲得機會的方法一點也不難，只要我們用正面積極的態度去尋找，便能在某個小角落找到千載難逢的良機。

就像漢德森一樣，爲了幫自己爭取機會，他糾正了自己的工作態度與方向，沒有像其他人一般宣洩情緒。從中，我們可以很清楚地看見，漢德森抓到了感激與回饋之間的互助關係，更以積極態度面對公司與自己的未來。

與其抱怨才智難伸，不如用更積極的態度去面對當下的環境，懷抱感激之心，不僅能讓人懂得珍惜把握，也讓人更懂得付出的眞義，終有一天我們一定會得到相同的回饋。

懂得變通，就能成功

在非常時候要有非常鎮定的判斷力，更要有毫不遲疑的行動力，一旦猶豫，即使只有一秒，也可能會是最關鍵性的一秒。

日本知名作家池田大作曾經說過：「權宜變通是成功的秘訣，一成不變則是失敗的伙伴。」

的確，想要成功，必須懂得變通，不能故步自封、一成不變，就像一艘航行在大海的船隻，如果想要行駛到達目的地，遇見風浪之時，必須懂得如何見風轉舵一樣。

不論我們身處什麼樣的絕境，最終都一定會有出口。

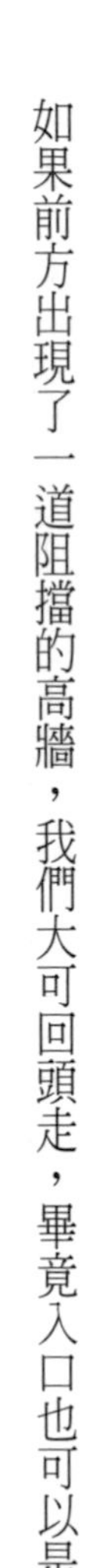

如果前方出現了一道阻擋的高牆，我們大可回頭走，畢竟入口也可以是個出口，不怕一切從頭，只怕你放棄了一切。

美國空軍上校布魯斯．卡爾是一位重要飛行員，一九四四年十月，卡爾隨同部隊進駐法國，並不斷地與法西斯軍方在空中搏鬥。

同年十一月，他飛到捷克上空作戰時，雖然擊毀了兩架敵機，自己也不幸地被敵方擊中。更不幸的是，被迫棄機跳傘逃生的卡爾，最後還迫降在敵方的佔領區內。

因爲這個錯降，卡爾可說是吃盡了苦頭，他不僅要忍受寒冷與飢餓，還要不斷地躲避敵人的追捕。

後來，卡爾憑著第六感，順著一條崎嶇小路前進，終於找到德軍一個臨時機場。他立即躲進一個戰壕裡，並慢慢地觀察、記錄他們的一舉一動。最後卡爾發現，就在自己藏身處不遠的地方，正停放了一架德軍飛機，雖然那是一架

性能不佳的小型戰鬥機，但是，他看見機務人員剛剛完成維護工作，還裝滿了油料。於是，他預估，一會兒就有德軍飛行員要去執行任務。

當時的卡爾心想：「不如就『借用』這架德軍飛機，返回我方基地。」

當這個「借用」的念頭一出現，卡爾便毫不遲疑地越過鐵絲網，偷偷地鑽進了這架飛機的座艙。

在微弱的月光中，他忐忑不安地摸索著並不熟悉的座艙設備等等，只見他果決地拉起啓動桿，然而無論他怎麼拉，飛機居然毫無反應。

「糟糕！難道判斷錯誤？」

情急之下，卡爾下意識地將啓動桿一推，沒想到反而聽到了發動機開始轉動的聲音，在一片寂靜中，這聲音給了卡爾一股重生的希望和溫暖。

憑著經驗，他大膽地推動油門，機體發出了一陣轟鳴聲，便慢慢地開始往前滑動。然而就在他安全飛上天空前，他卻發現，這架飛機上居然沒有降落傘和飛行帽，更糟糕的是，機上的無線電通聯器居然也無法使用。

這時卡爾已經無法多想了，趁著其他德兵似乎還沒有發現時，立即向上一

拉，往天空呼嘯而去。

德軍真的沒有發現他，卡爾總算放心了。

只是他沒有料到，以為一切安全的他，卻因為無線電故障，無法與戰友們連絡，反而讓他吃了好幾顆自己人的子彈，所幸飛機沒有被擊中，讓他能有驚無險地迫降在基地的停機坪上。

當滿腹委屈的卡爾從座艙中爬出來時，立即被士兵們團團圍住。

這時，卡爾的上司認出了他，看著蓬頭垢面的他，忍不住哽咽地罵道：「卡爾！你這傢伙跑到什麼鬼地方去了！」

在場的戰友們這才發現：「是卡爾！」

發現敵機上坐的竟是失蹤已久的卡爾，戰友們紛紛上前擁抱他，每個人幾乎都感動得泣不成聲。

日本心理學家德田虎雄曾經這麼提醒我們：「一個人走在路上，最重要的

事情是必須注意轉彎。」

其實，走在人生的大道上也是相同的道理，也就是說，如果如果你想要早點成功，除了堅持到底之外，最重要的是在該轉彎和變通的時候，千萬不能食古不化、固執己見，否則只會讓自己離成功的目標越來越遠。

在非常時候要有非常鎮定的判斷力，更要有毫不遲疑的行動力，因爲一旦猶豫，即使只有一秒，也可能會是最關鍵性的一秒。就像卡爾一般，只要他當時的步伐有所遲疑，恐怕早已成了戰俘，無法回到戰友們的身邊了。

從故事中，相信你也得到了不同的生活啓發，試想，當我們在決定行動的時候，是否也有很多顧慮，其中更有許多不必要的考慮呢？

要想爭取機會，我們就要懂得變通，如此才能增加行動活力，也才能比別人更精準地把握住成功的機會。

讓友誼長久維繫下去

如果你不希望你的友誼日漸淡去，請記得小心維繫，時時保持連絡，主動關心對方，也給對方機會關心你。

再好的朋友，也有發生爭執的時候；再親密的愛人，也有因爲意見不合而出現齟齬的時刻。情感這種東西，看似脆弱實則極有韌性；看似堅強，其實也容易說斷就斷。

當情感發生裂痕，如果雙方都不想修補，那麼，裂縫就會越裂越大，最後斷得一乾二淨。

愛德華和一個原本很親近的朋友發生了誤會，兩個人日漸疏遠，幸好，他及時聽從另一位朋友的建議，才得以將這段瀕臨破滅的友誼拯救回來。

在愛德華為了這件事情煩惱時，剛好一名律師朋友來看他，兩個人一起到附近的林間散步。聊著聊著，兩人談到友誼的議題，愛德華很感慨地說原來有些友誼並不如他想像的那樣，這讓他感到很沮喪。

這位律師朋友則說：「友誼是個很神秘的東西，有些會持續長久，有些則稍縱即逝。」

他以那些廢棄的穀倉為例說，剛建立的友誼就像是剛蓋好的穀倉，看起來結實牢靠，但隨著年久失修，加上風雨吹打，木頭和鋼材就會銹腐，穀倉隨時都就有倒塌的可能。

朋友語重心長地說：「友誼需要關懷，就好像一座穀倉需要好好維修一樣。該寫的信不寫，該問候的不說，該道歉道謝時視為理所當然，就好像任由穀倉

遭受風雨侵襲一般，時日久了，再堅固的房子也會垮。此外，每一次爭執爭吵，都像是從天上劈下來的雷電，每一次打擊都會對房子造成損傷。剛開始，破損、裂縫都很容易修補，但是，拖得時間長了，或者再來一次更大的雷擊，房子不垮才怪。」

朋友的話，讓愛德華頗有感悟，幾經思量，認爲自己還是相當珍惜這段友誼，並不想因爲無謂的爭吵失去一個好朋友。於是，他對律師好友說：「謝謝你來看我，接下來我知道該怎麼做了。」

從此，愛德華經常主動打電話問候久未連絡的朋友，也經常趁旅行之便前往各地拜訪老友。現在，他更懂得珍惜友誼了。

你有多久未曾和過去的老朋友連絡了呢？有的人可能搬家了，有的人可能結婚了，有的人可能移民海外，或是到對岸當「台幹」……。本來，你們至少會在彼此生日的時候，捎上一張卡片祝福，或者傳通簡訊，打通電話，但一年

忘了，兩年忘了，到最後，你已經遺忘上一次和朋友連絡是什麼時候，也發現沒幾個朋友記得你的生日。

是的，友情就在時空的差距下漸漸淡漠成爲模糊的記憶，除非你再重新啓動它，否則被囤積在倉庫裡的友誼，最後就會超過保存期限。當你想要重拾往日情誼，可能需要耗費更多氣力。

如果你不希望你的友誼日漸淡去，請記得小心維繫，時時保持連絡，主動關心對方，也給對方機會關心你，如此，你們的友誼才能長久維繫下去，變得柔韌卻不脆弱。

沒有說出口的愛，不代表不存在

看事只看表面，只會讓自己越來越膚淺。沒有說出口的愛，不代表不存在，全看你如何用心感受。

有許多人天天把愛掛在嘴邊，彷彿深怕沒有如此反覆催眠，就會忘了「愛」這件事。也有的人整天要求對方一再重申愛意，彷彿如果沒有得到對方口頭上的保證，就覺得愛得不夠深刻。

可是，這種懸掛在嘴巴上的愛會不會太膚淺了一點？真的只有那些說出口的愛才算是愛嗎？

在博姆家裡，總管一切大局的是媽媽，至於爸爸則每天上班工作賺錢，以及當媽媽開始條列誰犯了什麼錯誤的時候，由他負責處罰責罵。

在博姆心裡，媽媽的地位永遠高過於爸爸。小時候他偷糖果，爸爸把他打了一頓，要他向商店老闆認錯，最後是媽媽幫他求情的。

有一次玩鞦韆摔下來，摔得頭破血流，媽媽從頭到尾都抱著他，爸爸卻把車子停在急診室門口，和醫院的工作人員吵了一架。當時爸爸的態度非常不客氣，大聲叫吼：「什麼叫做緊急車輛才能停，不然你以爲我這是遊覽車嗎？」過了好久才有醫生來幫忙。

在博姆的記憶裡，父親的影像是模糊的，在他的生日會上，父親永遠只能幫忙做些吹氣球之類雜務，而媽媽則烤了一整天的蛋糕，還細心地爲他插上蠟燭，從廚房推到客廳裡。家庭相簿裡面，全都是媽媽和博姆的照片，幾乎不見爸爸的身影。

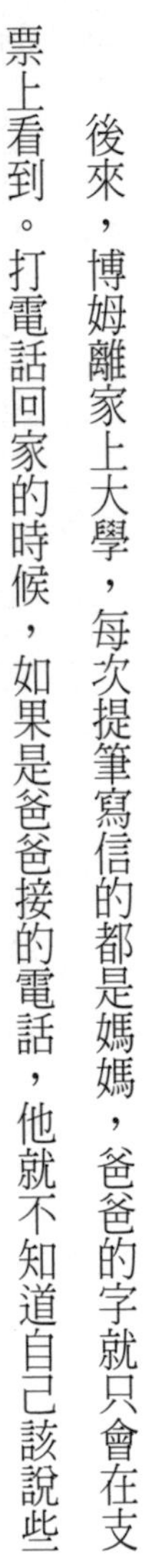

後來，博姆離家上大學，每次提筆寫信的都是媽媽，爸爸的字就只會在支票上看到。打電話回家的時候，如果是爸爸接的電話，他就不知道自己該說些什麼，結果爸爸就會接著說：「我叫你媽來聽。」

博姆不懂爲什麼爸爸不愛他，從小到大，就只會說：「你去哪裡？」「什麼時候回家？」從來不會噓寒問暖，從來不曾說過一句關愛他的話。這樣的父親，他幾乎想要恨他了，可是他卻是他的父親。

博姆的父親眞的不愛博姆嗎？當然不是這樣，或許是博姆對愛的認知太膚淺，未曾認眞去看待父親的愛。

博姆受傷的時候，雖然從頭到尾是媽媽抱著他，但是氣極敗壞地開車送他到醫院的難道不是爸爸？他之所以會和醫護人員發生爭執，也是因爲擔心焦急的關係。

在博姆的生日會上，爸爸雖然沒有做那麼多事，不能風趣地吵熱氣氛，但

是他難道沒有親自在現場爲博姆慶祝嗎？

從種種的觀察上來看，博姆的父親並不是不愛博姆，只不過從不把愛掛在嘴邊。或許是工作疲累，或許是性格較爲冷然，也可能是不知道該如何表達情感，但是這都不代表他的心中沒有愛，不懂得愛。

法國作家薩爾丹說：「愛就是無限的寬容，些許之事也能帶來喜悅。愛就是無意識的善意，自我的徹底忘卻。」

看事只看表面，只會讓自己越來越膚淺。沒有說出口的愛，不代表不存在，全看你如何用心感受。

愛要延續，得靠兩個人一起努力

想要延續彼此的愛，光憑一方努力是不夠的。唯有讓兩顆心貼近，尋覓出最妥善的相處模式，愛才不會被消磨殆盡。

轟轟烈烈的愛情，對某些人來說，具有莫名的魔力，總是讓周遭的人一起被瘋狂捲入，陪著他們一起愛得死去活來。只是，激情過後，情感如何延續，在在考驗著許多相戀的愛侶。

「相愛容易，相處困難」是許多過來人的感歎。兩個人如果想要天長地久，或許從戀愛時就得戴起一副「玫瑰色的眼鏡」，讓彼此之間，持續以愛來維繫，而不讓現實的折磨任意破壞。

葛瑞斯的視力變糟了，到醫院檢查後不得不配上一副老花眼鏡，否則別說閱讀了，幾乎連妻子衣服上的花色都看不清。

剛配好眼鏡回家，他急切切地追問妻子：「喜歡嗎？」

妻子皺著眉頭問：「喜歡什麼？」

葛瑞斯說：「我的眼鏡。」

妻子的反應令葛瑞斯覺得很有趣，她先是點頭表示好看，給了他一個輕吻，然後喃喃地說：「好奇怪，我都不知道原來你戴著眼鏡！」

這個問題之所以有趣，是因爲這並不是葛瑞斯第一次戴眼鏡，而是他第一次加戴一副老花眼鏡。

他忍不住打趣地說：「也許妳也該戴副眼鏡了。」

她楞了一下，然後紅著臉說：「討厭，我現在就戴著眼鏡！」

他們結縭近三十年，雖然葛瑞斯知道老婆的腰圍變粗了，一頭褐髮中摻進

了灰絲，但在他眼中，她依舊像兩人相識時那般風情萬種。

葛瑞斯知道妻子也同樣深愛著自己，即使明白歲月在他們臉上、身上刻畫了痕跡，兩人依舊有著濃濃的愛。

事實上，一直到現在，葛瑞斯面對妻子的時候，還是有著年輕時期戀愛的感覺。他們把兩個人一起做的事都視爲第一次，明明已經出差過二十幾次的巴黎，帶著老婆去度假的時候，仍然有一次又一次新的驚喜；看過好幾次的電影，和老婆一起看的時候，好像又充滿全新的樂趣。

這些心情都不特別，只是一種深切愛一個人的表現罷了。就好像在戀人的眼球上，掛上一副隱形的玫瑰色眼鏡，什麼事都跟著浪漫起來了。

要是世間的男女都能像葛瑞斯夫婦這樣，只看對方的好處、優點，久而久之，對方的壞處和缺點，似乎更能包容，也就不會有那麼多紛紛擾擾了。

把對方最完美的一面刻畫記憶下來，不去關注對方變老變醜，甚至覺得這

樣有另外一種成熟美，這就是愛的魔力。

兩個人，想要延續彼此的愛，光憑一方努力是不夠的。唯有讓兩顆心貼近，凡事除了站在自己的立場思量，也站在對方的立場考慮，漸漸尋覓出最妥善的相處模式，愛才不會被消磨殆盡。

所謂的夫妻臉，特別是結婚越久、越相愛的兩個人，看起來就會越來越相像，或許就是這個道理吧！

當兩個人分別讓對方融入自己的內心，兩個有缺角的圓就因爲彼此配合而變成了一個圓。

你**討厭**的人，就是你的**貴人**

THE ENEMY IS ALSO A FRIEND

把自己討厭的人，當成另類的貴人

凌越 編著

山本有三曾說：

年輕時代，沒吃過『苦頭』的人，一定無法成長，我一向把曾經折磨過自己的人，當成我的成功導師。

確實，在這個爾虞我詐的人性叢林中，很多時候我們都得設法去洞穿別人的心機和手段，

並且把吃過的虧、上過的當視為成長歷程的養分。

從這個角度而言，那些對你使壞的「小人」，騙你害你的「壞人」，那些讓你恨得牙癢癢的人，

又何嘗不是幫你更瞭解自己弱點、讓你更加成熟睿智的另類貴人？

俄國文豪杜斯妥也夫斯基曾說：

世界上沒有比說真心話更困難的事，但也沒有比逢迎拍馬更容易的事。

在人生的各項競賽中，拍馬屁也是一種競爭力，能否營造良好的人際關係，是否懂得拍馬屁的方法，往往是決定勝負的關鍵；懂得拍馬屁會替自己創造絕佳的運氣，同時也會增加成功的機率。

如果你認為自己有能力又很努力，卻在現實環境裡偏偏懷才不遇，那麼，問題極可能出在不懂得拍別人馬屁，必須放下身段，努力鍛鍊自己的馬屁功力，讓它成為克敵致勝的秘密武器。

馬屁或許很沒格調，但是，絕對很有效。

塞德

改變態度，才能改變自己的前途

作　　者　黎亦薰
社　　長　陳維都
藝術總監　黃聖文
編輯總監　王郡凌
出 版 者　普天出版家族有限公司
新北市汐止區忠二街 6 巷 15 號
TEL / (02)26435033（代表號）
FAX / (02) 26486465
E-mail：asia.books@msa.hinet.net
http://www.popu.com.tw/
郵政劃撥 19091443 陳維都帳戶
總 經 銷　旭昇圖書有限公司
新北市中和區中山路二段 352 號 2F
TEL / (02) 22451480（代表號）
FAX / (02) 22451479
E-mail：s1686688@ms31.hinet.net
法律顧問　西華律師事務所・黃憲男律師
電腦排版　巨新電腦排版有限公司
印製裝訂　久裕印刷事業有限公司
出 版 日　2023 年 12 月第 2 版第 1 刷
ISBN◉978-986-389-895-5　　條碼 9789863898955

新生活大師
41-1

國家圖書館出版品預行編目資料

改變態度，才能改變自己的前途／
黎亦薰著.—第 2 版.—：新北市,普天出版
2023.12 面； 公分. -（新生活大師；41-1）
ISBN◉978-986-389-895-5（平裝）